AMANDA JENKINS · DALLAS JENKINS · KRISTEN HENDRICKS

40 TAGE MIT JESUS

ANDACHTEN

Aus dem amerikanischen Englisch
von Annalena Pommerenke

The CHOSEN

SCM
R.Brockhaus

SCM

Stiftung Christliche Medien

SCM R. Brockhaus ist ein Imprint der SCM Verlagsgruppe,
die zur Stiftung Christliche Medien gehört, einer gemeinnützigen
Stiftung, die sich für die Förderung und Verbreitung christlicher Bücher,
Zeitschriften, Filme und Musik einsetzt.

MIX
Papier aus verantwortungsvollen Quellen
FSC® C014496

Max-Eyth-Str. 41 · 71088 HolzgerlingenVerlagsgruppe GmbH
Bodenborn 43 · 58452 Witten
Internet: www.scm-brockhaus.de; E-Mail: info@scm-brockhaus.de

Originally published in English under the title:
THE CHOSEN Book Two: 40 Days with Jesus
This book was first published in the United States by BroadStreet Publishing Group LLC, 8646 Eagle Creek Circle, Suite 210, Savage, MN 55378.

Lektorat: Imke Früh
Übersetzung: Annalena Pommerenke
Umschlaggestaltung: Sybille Koschera, Stuttgart
Autorenfotos: © Broad Street Publishing Group LLC
Satz: typoscript GmbH, Walddorfhäslach
Druck und Bindung: GGP Media GmbH, Pößneck
Gedruckt in Deutschland
ISBN 978-3-417-00012-2
Bestell-Nr. 227.000.012

INHALT

Vorwort 5

Einleitung 7

Tag 1 Identität 11

Tag 2 Mitten unter uns 15

Tag 3 Einsamer Ort 21

Tag 4 Endspiel 25

Tag 5 Verzweiflung 31

Tag 6 Rätsel 35

So. Jetzt ist es raus. 40

Tag 7 Salz, Licht und Freude 41

Tag 8 Liebe 47

Tag 9 Gebet 53

Tag 10 Fasten 61

Tag 11 Schätze 67

Tag 12 Angst 73

Tag 13 Kritik 79

Tag 14 Etwas Neues 85

Tag 15 Licht 91

Tag 16 Enthüllung 95

Tag 17 Fragen 99

Tag 18 Antworten 103

Tag 19 Nachfolge 109
Tag 20 Wahrheit 115
Tag 21 Demut 119
Tag 22 Unverdient 125
Tag 23 Wunderbarer Jesus 131
Bitte! 135
Tag 24 Bitten und Gott bekommen 137
Tag 25 Bitten und Gott vertrauen 143
Tag 26 Bitte ihn um alles 149
Tag 27 Bitte und bekomme das Beste von ihm 155
Tag 28 Erwartungen 161
Tag 29 Glaubenskiller 167
Tag 30 Hingebungsvoll 173
Tag 31 Hol dir den Hauptgewinn 179
Tag 32 Wie ein Haus auf festem Grund 185
Tag 33 Loslassen 191
Tag 34 Mit Jesus unterwegs 195
Tag 35 Gesandt 201
Tag 36 Vorsicht 207
Tag 37 Von ganzem Herzen 211
Tag 38 Gerechtigkeit 217
Tag 39 Mitgefühl 221
Tag 40 Wer ist Jesus für dich? 227

Über die Autoren 233

VORWORT

Ich erinnere mich noch daran, als ich die Serie *The Chosen* zum ersten Mal sah. Ich hatte von einigen Leuten davon gehört, die am Filmset mitarbeiteten. Mit vielen von ihnen hatte ich schon gemeinsam Filme produziert, und ihr Engagement für diese biblische Serie ließ mich aufhorchen. Nachdem ich mir die Serie komplett angeschaut hatte, sah ich sie mir direkt noch einmal zusammen mit meiner Familie an. Sie war nicht nur gut gemacht, sondern sprach mich auch persönlich absolut an. Ich fragte mich, wie ich mich wohl verhalten hätte, wenn ich damals mit Jesus unterwegs gewesen wäre. Hätte ich so unverfroren meine Meinung gesagt wie Simon Petrus? Hätte ich wie Matthäus versucht, alles zu berechnen und mit Logik zu erklären? Wäre ich Jesus wie Maria Magdalena voller Hingabe und Dankbarkeit gefolgt?

Ich stellte mir vor, wie ich jeden Tag mit Jesus unterwegs gewesen wäre. Ich hätte erlebt, wie freundlich, geduldig und liebevoll er mit den Menschen umging. Und natürlich wäre es gigantisch gewesen, eins seiner Wunder hautnah mitzuerleben. Aber nicht nur das. Ich hätte vor allem auch mit ihm zusammensitzen, gemeinsam mit ihm essen und mit ihm persönlich über meine Fragen, Gedanken und Probleme reden können. Wow, das wäre unglaublich gewesen!

Aber … eigentlich können wir das auch heute noch erleben! Wunderbarerweise lebt genau dieser Jesus, der mit seinen Jüngern damals auf dieser Welt unterwegs war, heute immer noch. Und er möchte mit jedem von uns persönlich Zeit verbringen. Er hat uns seinen Geist geschickt, um in uns zu wohnen, uns zu führen und uns zu helfen. Er sehnt sich immer noch danach, unsere Fragen, Gedanken und Probleme zu hören. Er möchte immer noch andere durch uns lieben können. Er will immer noch Wunder tun. Und er sagt immer noch zu uns: »Kommt mit mir.«

Wenn du dieses Buch liest, dann denk daran, dass Jesus eine persönliche Beziehung zu dir haben will – denn er liebt dich so sehr, dass er sein Leben für dich gab. Er will mit dir unterwegs sein und dir zeigen, wer er ist. Er lädt dich ein, mit ihm zu gehen, und wartet geduldig auf deine Antwort.

Such dir am besten jeden Tag ein ruhiges Plätzchen und verbringe Zeit mit Jesus. Bete ihn an in deinem Herzen. Danke ihm für alles, was er getan hat. Hör zu, wie er leise und liebevoll zu dir spricht, während du die Bibel liest. Du darfst dir sicher sein: Er sieht dich, er liebt dich und er hat dich auserwählt.

Alex Kendrick
Autor und Regisseur

EINLEITUNG

Im ersten Andachtsbuch zu dieser Reihe stellten wir uns in jedem Kapitel die Fragen:

- Was wissen wir noch nicht über diese Menschen?
- Was sollten wir über sie wissen?
- Inwiefern verändert es uns und andere, mehr über sie zu erfahren?

Die Antworten: Viel. Alles. Total.

Durch die Geschichten von Maria Magdalena, Simon Petrus, Nikodemus und Matthäus wurde eine Sache ganz deutlich: Jedes Detail zählt. Jede Situation muss sorgfältig betrachtet und geprüft werden, gerade im Hinblick auf die Umstände und den Kontext, in dem sie sich abspielt. Jeder Aspekt ihres Lebens, das ja kein Zuckerschlecken war, verrät uns mehr und mehr Details über sie.

Von den vier Leuten, die wir im ersten Andachtsbuch dieser Reihe näher kennengelernt haben, kannten wir Nikodemus am wenigsten. Mehr über ihn zu erfahren, war, als würde man endlich mit seinem komischen Onkel warm werden, den man jetzt erst so richtig verstehen kann, und sich sogar darauf freut, ihn gelegentlich auf Familienfeiern wiederzusehen. Matthäus und Simon Petrus kommen uns inzwischen wie gute Freunde vor und auch mit Maria sind wir richtig vertraut geworden.

Natürlich ist es schön, über bestimmte Personen in der Bibel mehr zu erfahren und sich mit ihnen zu identifizieren. Aber all das ist nichts im Vergleich zu dem, was Jesus tut, um sich mit uns zu identifizieren, damit wir ihn kennenlernen können. Das ist es letztlich auch, was jede Geschichte in der Bibel erreichen will: auf Jesus hinweisen.

Man könnte auch sagen: Weil wir Nikodemus, Matthäus, Simon Petrus und Maria Magdalena besser kennengelernt haben, kennen wir jetzt Jesus besser. Darum geht es. Das ist es, was diese Leute so wunderbar und interessant macht. Durch ihre Geschichten können wir Jesus sehen: mit all seinem Mitgefühl, seiner Geduld, Gnade, Liebe und Erlösungskraft. Durch sie (und viele andere) können wir ganz neu begreifen, wie Jesus für uns empfindet. Und es ist enorm tröstlich zu sehen, dass all diese Leute massive Probleme im Leben hatten – durch sie können wir umso klarer erkennen, dass es nur einen Weg gibt, um heil zu werden.

Mit diesem zweiten Andachtsbuch schalten wir nun gewissermaßen einen Gang höher. Anstatt der drei eingangs erwähnten Fragen zu den Personen, die Jesus folgten, liegt diesmal eine einzige, eindringliche Frage zugrunde: Was bedeutet es, Jesus wirklich nachzufolgen?

Eben nicht nur hin und wieder bei ihm aufzutauchen in der Hoffnung, eine Mahlzeit abzugreifen oder ein Heilungswunder zu erleben, sondern ganze Sache mit ihm zu machen und mit ihm zu gehen, wo auch immer er uns hinführt … wie zum Beispiel zu einem Kreuz.

Wir hoffen, dass du all die Details in diesem Buch genauso spannend findest wie wir und beginnst, ganz neu darüber nachzudenken. Wir beten dafür, dass du durch dieses Buch noch mehr begreifst, wer Jesus ist und für dich sein will.

Amanda, Kristen und Dallas

Tag 1
IDENTITÄT

»Als Jesus in das Gebiet um Cäsarea Philippi kam, fragte er seine Jünger: ›Was sagen eigentlich die Leute darüber, wer der Menschensohn ist?‹ Sie antworteten ihm: ›Einige denken, er sei Johannes der Täufer, andere halten ihn für Elija, wieder andere für Jeremia oder einen der großen Propheten.‹ Jesus wollte mehr aus ihnen herausbekommen, darum fragte er sie direkt: ›Und wie steht es mit euch? Wer bin ich eurer Meinung nach?‹ Simon Petrus sagte: ›Du bist Christus, der Messias, der Sohn des lebendigen Gottes.‹ Jesus antwortete ihm spontan darauf: ›Gott segne dich, Simon, Sohn von Jona! Niemand kann dir das beigebracht haben außer meinem Vater im Himmel. Gott selbst hat dich in das Geheimnis eingeweiht, wer ich wirklich bin. Und jetzt möchte ich dir sagen, wer du in meinen Augen bist: Du bist Petrus, ein Fels. Das ist der Fels, auf den ich meine Kirche bauen möchte; eine Kirche, die unüberwindbar ist, weil sie sich zu mir bekennt, auch wenn sich die Tore der Hölle öffnen sollten, um sie zu verschlingen.‹«
Matthäus 16,13-18

Nicht alle Wunder waren gigantisch und offensichtlich. Ein Wunder war so unauffällig, dass man es glatt übersehen hätte, wenn Jesus es nicht so betont hätte. Es geschah während einer Unterhaltung zwischen Jesus und seinen Jüngern. Er fragte sie, für wen sie ihn hielten. Simon Petrus antwortete: »Du bist der Messias, der Sohn des lebendigen Gottes.«

Bäm! Da war es – ein Wunder! Im Vergleich zu den krassen Wundern, die Jesus zuvor schon getan hatte, fehlte bei diesem Wunder ein bisschen der »Wow-Effekt«, an den die Jünger gewöhnt waren. Trotzdem war dieses Wunder noch lebensverändernder und einschneidender als alle Wunder zuvor. Dieses Mal ging es nicht darum, dass Jesus den Massen seine Macht demonstrierte, sondern darum, dass Gott, der Vater, die Identität seines Sohnes Jesus für den Einzelnen offenbarte.

Jesus hatte seine Jünger zu diesem Zeitpunkt noch nicht vollständig über seine Identität aufgeklärt. Deswegen war es keineswegs offensichtlich, dass Simon Petrus so antworten würde. Er hatte auch nicht geraten. Seine Antwort war eine göttliche Erkenntnis, die ihm vom Schöpfer des Universums geschenkt worden war. Das war ein ganz persönliches und mächtiges Wunder, das alles im Leben von Simon Petrus veränderte.

Schauen wir uns im Gegensatz dazu mal die Antworten der Leute an: Johannes der Täufer war keine üble Vermutung, denn immerhin war er ein Wanderprediger wie Jesus. Auch Elija vollbrachte einige beeindruckende Wunder und Jeremia predigte mutig im Tempel, genau wie Jesus. Das alles waren nicht die schlechtesten Antworten, doch es fehlte ihnen etwas Entscheidendes: die göttliche Offenbarung.

Die Leute dachten, dass Jesus die Neuauflage eines früheren spirituellen Bestsellers sei. Sie konnten sich ihn nicht als eigenes echtes Original vorstellen. Das ist genau das, was die Menschen tun, die Jesus nicht kennen – sie mixen sich selbst eine einigermaßen plausible und doch gänzlich falsche Vorstellung davon, wer er ist. Gegen solche zusammengeschusterten menschlichen Erklärungsversuche hilft nur eins: die Offenbarung von Gott selbst. Er muss uns die Augen öffnen. Erst dann verstehen wir, wie unvergleichlich Jesus wirklich ist. Simon Petrus war der erste unter den Jüngern, dem die Augen geöffnet wurden. Gott, der Vater, offenbarte ihm, wer Jesus war, nämlich Christus, der Messias. Danach zeigte Jesus Simon, wen er in ihm sah: Petrus, den Felsen, auf den er seine Kirche bauen wollte. Eine Identität bestärkte die andere.

Jesus will jedem von uns dasselbe schenken. »Wer bin ich deiner Meinung nach?«, fragt er jeden einzelnen Menschen. Sobald wir sehen können, dass er der Christus ist, und wir ihm unser Leben geben, bestärkt er unsere Identität: Wir sind auserwählt. Wir sind befreit. Wir sind von ihm beim Namen gerufen, und wir gehören zu ihm. Dieses Wunder ist so persönlich und so mächtig, dass es unser Leben für immer verändert. So unspektakulär es von außen scheint, so atemberaubend und bedeutend ist dieses Wunder, denn es gibt nichts Gigantischeres, als Jesus Christus zu kennen, den Sohn Gottes.

Gebetsfokus

Danke Gott dafür, dass er dir leidenschaftlich gerne seinen Sohn offenbaren will, wenn du das möchtest. Wenn du Jesus noch nicht kennst, dann bitte Gott darum, dir die Augen für seine wahre Identität zu öffnen. Wenn du Jesus schon kennst, kannst du Gott bitten, dir noch tieferes Verständnis zu schenken. Danke ihm für dieses ganz persönliche, gigantische Wunder, dass er dich auserwählt hat.

Die nächsten Schritte

- Wer ist Jesus deiner Meinung nach?
- Wenn du Jesus schon kennst: Beschreibe den Moment, als du erkannt hast, dass er Gottes Sohn ist, und wie du darauf reagiert hast. Wenn du Jesus noch nicht kennst: Beschreibe, was du über ihn denkst oder was du hinsichtlich seiner Identität vermutest.
- Wie wirkt sich die Identität von Jesus auf deine Identität aus? Beeinflusst, klärt oder festigt sie deine Identität?

Tag 2

MITTEN UNTER UNS

»In Jerusalem gibt es in der Nähe des Schaftors ein Wasserbassin, das auf Hebräisch ›Betesda‹ genannt wird und von fünf Säulenhallen umgeben ist. Zahllose ausgezehrte Kranke, Blinde und Gelähmte lagen in diesen Hallen. Da wieder einmal ein jüdisches Fest bevorstand, war Jesus nach Jerusalem gereist und kam auch an diesen Hallen vorüber. Dort lag ein Mann, der bereits seit achtunddreißig Jahren schwer krank war. Als Jesus sah, wie er dalag, und dazu noch erfuhr, wie lange er schon dort war, sprach er ihn an: ›Möchtest du gesund werden?‹ Der kranke Mann antwortete: ›Herr, Ihr wisst, dass immer derjenige geheilt wird, der als Erster ins Bassin steigt, sobald das Wasser aufsprudelt. Doch ich habe niemanden, der mich dann in das Bassin trägt. Bis ich aus eigener Kraft dort bin, ist schon längst ein anderer vor mir im Wasser.‹ Da sagte Jesus zu ihm: ›Steh auf, nimm deine Liegematte und fang an zu gehen.‹ Im selben Augenblick war der Mann geheilt. Er nahm seine Matte und ging.«
Johannes 5,1-9

Wenn diese Wundergeschichte in der Sonntagsschule erzählt wird, ist die Standardreaktion wahrscheinlich Begeisterung. Alle Augen strahlen – wow, was für ein Happy End! Aber vielleicht sollte uns diese Geschichte viel mehr im Herzen treffen, denn 38 Jahre sind eine zermürbend lange Leidenszeit. Dieser Mann, der 38 Jahre gelitten hatte, war in seinem Innersten völlig frustriert.

Es war eine grausame Szene: Lauter schwer kranke und behinderte Menschen lagen um ein Wasserbassin herum und hofften, durch das Wasser geheilt zu werden, sobald es sprudelte. Die unterirdische Quelle, die das knapp 15 Meter tiefe Bassin speiste, ließ das Wasser von Zeit zu Zeit aufsprudeln. Das frische Wasser und die Mineralien, die durch das Sprudeln aus dem Boden gelöst wurden, waren sicherlich gesundheitsfördernd und wohltuend. Doch mit der Zeit mischte sich Aberglaube in die Geschichte der Quelle und die Menschen meinten, es seien Geistwesen, die das Wasser bewegten. So sprangen die Kranken hinein, sobald das Wasser aufsprudelte, und hofften, durch ein Wunder geheilt zu werden. Nur dieser Mann, der schon so lange dort lag, tat das nicht mehr. Er hatte die Hoffnung aufgegeben. Er konnte sich nicht selbst helfen, er schaffte es aus eigener Kraft nicht rechtzeitig ins Wasser, und er hatte offenbar niemanden, der ihm dabei geholfen hätte.

Dann kam Jesus. Wie muss es wohl für ihn – den Schöpfer, Erlöser und Heiler – gewesen sein, all diese Kranken zu sehen?

Es muss ihm das Herz gebrochen haben, ihren Schmerz und ihre Verzweiflung zu spüren. Die falschen Hoffnungen wahrzunehmen – oder die totale Hoffnungslosigkeit.

»Möchtest du gesund werden?«

Was für eine Frage! Natürlich wollte der Mann gesund werden. Alle Kranken, die dort lagen, wollten das. Nur deshalb waren sie überhaupt dort. Doch keiner von ihnen bemerkte den einen, der sie wirklich heilen konnte. Jesus war mitten unter den Kranken, Gehörlosen, Blinden, Gelähmten – doch sie setzten all ihre Kraft, Zeit und Hoffnung nur auf das Wasser. Wenn wir ehrlich sind, geht es uns doch auch oft so. Wir konzentrieren uns auf unsere Probleme und auf die Lösungen, die wir uns schon zurechtgelegt haben, während unser Schöpfer, Erlöser und Heiler direkt neben uns steht.

»Möchtest du gesund werden?«

Der Mann antwortete ihm: *»Herr, Ihr wisst, dass immer derjenige geheilt wird, der als Erster ins Bassin steigt, sobald das Wasser aufsprudelt. Doch ich habe niemanden, der mich dann in das Bassin trägt. Bis ich aus eigener Kraft dort bin, ist schon längst ein anderer vor mir im Wasser.«* Mit anderen Worten: »Natürlich will ich geheilt werden, was glaubst du denn? Aber ich habe es schon vor langer Zeit aufgegeben, weil es für mich unmöglich ist. Ich bin ganz allein und werde den Rest meines erbärmlichen Lebens auf dieser Matte liegen müssen.«

Jesus machte sich nichts daraus, dass der kranke Mann nicht sofort begriff, was Jesus ihm anbieten wollte. Das begreifen wir oft auch nicht. Wir neigen dazu, Jesus zu unterschätzen – oder gar nicht mit ihm zu rechnen. Wir versteifen uns oft so auf unsere Umstände und sehen die Welt nur noch aus unserer eingeschränkten Perspektive, dass wir sein Angebot gar nicht wahrnehmen oder verstehen.

Wir erkennen nicht, dass unser Retter sich klein macht. Bestimmt hat sich Jesus auch zu diesem hoffnungslosen Mann heruntergebeugt, sich mit ihm auf Augenhöhe begeben. Wahrscheinlich hat er ganz freundlich, ruhig und geduldig mit ihm gesprochen. Und sicherlich waren seine Augen voller Mitgefühl, als er sich diesem Gelähmten zuwandte – der nicht ahnte, dass er im nächsten Moment geheilt sein würde.

»Möchtest du gesund werden?«

Was wäre noch schrecklicher, als 38 Jahre lang so krank und einsam zu sein? Den einen zu vergessen, der die Heilung vollbracht hat. Dann wäre die körperliche Heilung nämlich umsonst gewesen. Sie hätte keine spirituelle Veränderung mit sich gebracht. Aber darauf kommt es letztlich an. Diese Veränderung wird jedem Menschen angeboten. Wie tragisch, dass so viele Menschen auf eine dauerhafte Beziehung mit Jesus und die damit verbundene Heilung ihrer Seele verzichten. Und wie unnötig, dass wir – obwohl wir Jesus kennen – uns immer wieder auf die kranken Anteile in unserer Seele fixieren, anstatt uns immer wieder an Jesus zu wenden, um heil zu werden.

»Möchtest du gesund werden?«

Denn er ist immer noch mitten unter uns.

Gebetsfokus

Denk einfach mal eine Weile über Jesus nach: wer er ist, wie er ist. Danke ihm, dass er dir so nah ist. Bitte ihn um Hilfe, damit du deinen Blick von deinen eigenen Lösungen weglenken und auf ihn richten kannst.

Die nächsten Schritte

- Welche Herausforderungen versuchst du gerade allein zu managen? Mit deiner eigenen Kraft oder Klugheit?
- Lies Jeremia 17,14. Sage Gott möglichst genau, in welchen Bereichen deines Lebens du Hilfe und Heilung benötigst. Bitte ihn dann darum, dir zu zeigen, was er darüber denkt, denn häufig sind unsere Gedanken nicht seine Gedanken (vgl. Jesaja 55,8-9). Gott verspricht uns nicht die Heilung jeder körperlichen Krankheit. Aber er verspricht uns eine

Ewigkeit ohne Schmerzen. Sprich mit ihm darüber, was dich belastet, und vertraue ihm.

- Nachdem Jesus den kranken Mann in Betesda geheilt hatte, sagte er zu ihm: »*Steh auf, nimm deine Liegematte und fang an zu gehen.*« Wo musst du aufstehen? Denn wenn wir einmal geheilt sind, sei es körperlich oder seelisch, sollten wir uns auch entsprechend verhalten.

Tag 3

EINSAMER ORT

»Sooft es ihm jedoch möglich war, zog er sich an völlig entlegene Orte zurück, um zu beten.«
Lukas 5,16

Psalm 25 lässt die schwere emotionale Notlage seines Verfassers David erahnen: Er ist einsam, schwer geplagt und voller Sorge. Er steht total neben sich. Und so schreit er in gewohnter David-Manier zu Gott und fleht um Hilfe. *»Wende dich mir zu, HERR, und sei mir gnädig, denn ich bin einsam und niedergeschlagen. Mir ist angst und bange, nimm diese Last von meinem Herzen!« (Psalm 25,16-17).*

Im Neuen Testament finden wir keine Stelle, an der jemand explizit als einsam beschrieben wird. Trotzdem gibt es natürlich auch hier viele einsame Menschen. Ein Beispiel wäre die samaritanische Frau: Aufgrund ihrer problematischen Lebensumstände konnte sie keine echte Gemeinschaft mit anderen haben. Sie war emotional schwer angeschlagen. Das war vermutlich der Grund, warum sie zur Mittagszeit an diesem Brunnen war.

In den Evangelien wird Einsamkeit nicht als Zustand, sondern als Ort beschrieben. Es ist der Ort, an den Jesus sich zurückzog, um Zeit mit seinem himmlischen Vater zu verbringen. Das tat er oft, und manchmal blieb er sogar die ganze Nacht fort und betete. Was er da betete? Wir wissen es nicht genau – im Gegensatz zu vielen Gebeten von David, die uns durch die Psalmen genau überliefert sind.

Aber es muss für die Jünger etwas Faszinierendes gehabt haben, dass Jesus sich zurückzog. Sie spürten, dass es dabei um etwas Tieferes ging – etwas, das sogar schlaflose Nächte wert war. Als Jesus einmal aus seiner Abgeschiedenheit zurückkam, baten ihn die Jünger, ihnen das Beten beizubringen. Sie wollten begreifen, worauf es ankam. Und Jesus brachte es im Vaterunser auf den Punkt: Ehrt Gott. Sucht seinen Willen. Bittet ihn um alles, was ihr braucht. Erwartet es von ihm. Vergebt einander. Ehrt Gott.

Das alles hatte schon David kapiert. In seiner Einsamkeit suchte er Gott. Er bat um Hilfe und erwartete sie auch. Er flehte Gott regelrecht an, ihm den Weg zu zeigen. David wusste genau, dass er nicht allein klarkommen konnte, genau wie Jesus.

Tatsächlich betonte Jesus immer wieder, dass er aus eigener Kraft nichts tun könne. Er war abhängig vom Vater, und er gehorchte ihm. Vielleicht hat er an diesen einsamen Orten seine Anweisungen von Gott erhalten. Vielleicht waren viele seiner Gebete ähnlich wie die von David. Offensichtlich fand Jesus in dieser Einsamkeit eine besondere Art von Ruhe und Geborgenheit, selbst in der Nacht vor seiner Kreuzigung, als er vor Angst Blut schwitzte und Gott darum bat, dass er ihm dieses Leiden ersparen möge. Gott entschied sich stattdessen dafür, uns zu retten.

Es spricht für sich, dass im Neuen Testament nie von Einsamkeit die Rede ist. Die Gegenwart von Jesus löscht die Einsamkeit aus. Emotionale Notlagen werden zu einem Treffpunkt mit Jesus, der sich uns liebevoll zuwendet. Wie bei der samaritanischen Frau: Jesus begegnete ihr in der Einsamkeit, nahm ihren Kummer weg und befreite sie von ihrer Verzweiflung. Durch ihn erkannte sie, dass wir nie wirklich allein sind. Bei Jesus finden wir Ruhe und Geborgenheit. Mit ihm sind wir niemals einsam.

Gebetsfokus

Lobe Gott dafür, dass er den Zustand von Einsamkeit verwandeln kann in einen Treffpunkt mit ihm. Bitte ihn um Trost, Wegweisung, Ruhe und Frieden. Bitte Gott darum, dass er sich dir noch mehr zu erkennen gibt, und rechne fest damit, dass er es tut. Danke ihm, dass er dein treuer Begleiter ist, der dich nie verlässt oder aufgibt.

Die nächsten Schritte

- Wann hast du dich schon mal richtig einsam gefühlt?
- Wie gehst du üblicherweise mit Einsamkeit um? Schreist du zu Gott und bittest ihn um Hilfe? Oder machst du es wie die Samaritanerin, bevor sie Jesus traf, und findest deinen eigenen Weg, um schmerzhafte Situationen zu vermeiden?
- Wo und wie hast du schon erlebt, dass Jesus dir in deiner Einsamkeit liebevoll begegnet?

Tag 4

ENDSPIEL

> »Von dort zog Jesus durch ganz Galiläa. Er besuchte die Synagogen, um den dort Versammelten die frohmachende Wahrheit über Gott nahezubringen. Den Menschen zu sagen, wie gut es ist, unter der Herrschaft Gottes zu leben, war sein Hauptanliegen. Diese Botschaft unterstrich er immer wieder durch Zeichen seiner Vollmacht: Er heilte die Krankheiten und Gebrechen der Leute. In der gesamten römischen Provinz Syrien wurde von ihm gesprochen. Die Menschen brachten jeden zu ihm, der ein Leiden hatte, sei es geistiger, seelischer oder körperlicher Natur. Jesus heilte tatsächlich jeden.«
> *Matthäus 4,23-24*

Jesus war inzwischen mit einer regelrechten Karawane unterwegs. Matthäus' Bericht zufolge wurde niemand von Jesus weggeschickt. Jeder, der zu ihm kam, wurde geheilt. Natürlich war das voll spannend und ein echt starker Kick-off für sein öffentliches Wirken. Denn die Story »vom Zimmermannssohn zum Wundertäter« verbreitete sich natürlich wie ein Lauffeuer.

Doch es ging hier nicht an erster Stelle um Wundertaten. Jesus proklamierte »*die frohmachende Wahrheit über Gott*«, wie es in der Bibelstelle oben heißt. Das übersieht man leicht, denn die Wunder stechen viel mehr ins Auge. Im Vergleich dazu sind Predigten natürlich viel langweiliger. Bei all den Wundern, die Jesus tat, ging es aber im Kern immer um die Botschaft der Rettung. Die Wunder dienten lediglich dazu, die Menschen zu versammeln und zum Zuhören zu bewegen – und letztlich natürlich diesem Typen da vorne Glauben zu schenken. Die Wunder sollten seine Botschaft unterstreichen.

Letztlich waren die Wunder also dazu da, die Menschen zu Jesus zu bringen. Davor stand für die Betroffenen aber das Leid. Und Leid kann schnell zum Zentrum unseres Denkens werden. Es ist nicht nur hart, jeden Tag körperlichen oder emotionalen Schmerz ertragen zu müssen, sondern es ist auch schwer, Leid mit einem liebevollen Gott unter einen Hut zu kriegen. Warum lässt ein liebender Gott Leid überhaupt zu? Weil das eine dermaßen berechtigte und schwierige Frage ist, machen sich viele Leute gar nicht erst die Mühe, die Antwort abzuwarten. Die Frage wird zum Argument gegen Gott. Die Leute lehnen Gott ab, weil er Leid zulässt. Oder sie stellen seine Existenz komplett infrage.

Im Gegensatz dazu liefen die Menschen aber in Scharen zu Jesus – dem Menschen, der Gott war –, und zwar aus dem einfachen Grund, weil er ihrem Leiden ein Ende machte. Ihr

Schmerz brachte sie also zu Jesus. Und jetzt können wir den Zusammenhang sehen. Denn Schmerz oder vielmehr das Bedürfnis, von Schmerz befreit zu werden, ist ein häufiger Grund, warum wir Gott suchen oder uns an ihm festklammern. Es liegt einfach nicht in unserer Natur, dass wir uns Gott von ganzem Herzen hingeben, wenn es uns gut geht. Selten suchen wir nach Hilfe, wenn wir im Überfluss leben, oder ändern unsere Richtung, wenn alles glattläuft. Leider scheinen wir alle ein gewisses Maß an Verzweiflung erleben zu müssen, bevor wir erkennen, was wir wirklich brauchen - und zu kapieren, dass wir uns das nicht selbst geben können.

Wenn Leid also letztlich bewirkt, dass selbstbezogene Menschen ihren Kurs ändern, zu Jesus laufen und ihm glauben, dass seine Botschaft der Schlüssel für ihr Leben ist, dann ist es doch auch einleuchtend, dass es einen ewigen Sinn hinter dem Leid gibt, oder nicht? Ohne ihren Schmerz wären die Menschen damals nicht zu Jesus gekommen und hätten seine Botschaft von Rettung und ewigem Leben nicht gehört. Und so ähnlich ist das bei uns heute noch. Selbst wenn wir uns für ein Leben mit Jesus entschieden haben, kann es sein, dass sich unsere Herzen von Jesus entfernen, wenn wir nicht immer wieder durch Schmerz und Verzweiflung zu ihm gezogen werden. Wenn wir unbeschwert sind und uns wohlfühlen, hören wir auf, Gott zu suchen. Schmerz ist also eine Art getarnter Segen für unseren Glauben.

Genau wie die Heilung ist der Schmerz weder das Ende noch das Ziel – er dient vielmehr dem »Endspiel« unseres Glaubens, bringt uns also dem entscheidenden Ziel näher. Das heißt nicht, dass Leid nicht schlimm wäre. Nein, Leid ist schlimm, und es brach auch Jesus das Herz. Die Bibel erzählt immer wieder davon, dass Jesus tiefes Mitgefühl mit leidenden Menschen empfand. Doch er sah auch den Sinn dahinter. Denn er sieht über unsere zeitlichen, irdischen Gegebenheiten hinaus bis in die Ewigkeit. Jesus ist bereit dazu, Schmerz zu ertragen – sogar den unsagbar großen Schmerz am Kreuz –, damit wir die Ewigkeit bei ihm im Himmel verbringen können, wo es keine Schmerzen mehr geben wird.

Gebetsfokus

Gott kennt deinen Schmerz, und er hat großes Mitgefühl mit dir. Schütte ihm dein Herz aus und erzähle ihm von deinem Leid. Bitte ihn um Hilfe und auch darum, ihm mehr vertrauen zu können in der Gewissheit, dass alles Leid, das er zulässt, einen Sinn für die Ewigkeit hat. Komm zur Ruhe in der Gewissheit, dass Heilung auf dich wartet – in diesem Leben oder im Himmel.

Die nächsten Schritte

- Erkläre mit deinen eigenen Worten, warum ein liebender Gott Leid zulässt.
- Hiob hat gelitten. Johannes der Täufer hat gelitten. Paulus hat gelitten. Diese Liste könnte man noch lange weiterführen. Doch jeden dieser drei Männer hat Gott auf unglaubliche Weise dazu gebraucht, sein Reich zu bauen und Menschen auf Jesus hinzuweisen. Was kannst du von ihrem Leid über dein eigenes Leid lernen?
- Lies Offenbarung 21,3-4. Heilung ist eine Gewissheit für alle Gläubigen, denn Gott verspricht einen Himmel ohne Schmerzen. Inwiefern wirkt sich dieses Wissen über unsere Zukunft auf das aus, womit du heute zu kämpfen hast?

Tag 5

VERZWEIFLUNG

»Jesus beruhigte ihn: ›Geh nach Hause zurück, dein Sohn lebt.‹ Der Mann glaubte dem, was Jesus ihm versprochen hatte, und er beeilte sich, nach Hause zu kommen.«
Johannes 4,50

Verzweiflung lässt uns ungewöhnliche Dinge tun. Wir suchen nach Antworten, wo wir sie normalerweise nicht erwarten würden oder bei Menschen, mit denen wir sonst nichts zu tun haben. Wir werfen Vorbehalte und den »schönen Schein« über Bord. Verzweiflung macht uns verletzlich und zwingt uns, das Leben durch eine andere Brille zu sehen. Und oft ist Verzweiflung genau das, was uns zu Jesus treibt.

Im vierten Kapitel des Johannesevangeliums lesen wir von einem königlichen Beamten, der diese Art tiefer Verzweiflung nur allzu gut kannte, weil sein Sohn sehr krank war, ja schon im Sterben lag. Als der Vater davon hörte, dass Jesus wieder in der Gegend war, machte er sich vom 30 Kilometer entfernten Kafarnaum auf den Weg zu ihm. Unterwegs machte er sich bestimmt viele Sorgen und rechnete mit dem Schlimmsten. Als er endlich bei Jesus ankam, flehte er ihn an, seinen Sohn zu heilen.

Ich (Kristen) kann diesen Vater sehr gut verstehen. Denn ich habe das Gleiche erlebt. Um das Leben meiner Tochter zu bangen, hat mich regelrecht zu Jesus getrieben. Wie der Vater in Johannes 4 kannte ich Jesus nicht wirklich. Ich hatte nur davon gehört, was er tun konnte. Ich ging von klein auf zur Kirche und wuchs dementsprechend mit den (jeweils altersgerecht aufbereiteten) Geschichten der Bibel auf. Ich wusste theoretisch, dass Jesus Wunder tun kann, aber es war mir egal, bis ich selbst ein Wunder brauchte.

Viele Eltern können bestätigen, dass einen kaum etwas so schnell an den Rand der eigenen Kräfte bringt wie ein krankes oder besonders betreuungsbedürftiges Kind. Auf diesen Weg hatte Gott meinen Mann und mich geschickt, und seine Rechnung ging auf. Indem Gott uns diesen zerbrechlichen kleinen Menschen mit schwerwiegenden Schädeldeformationen und neurologischen Beeinträchtigungen anvertraute, waren wir gezwungen, das Leben aus einer anderen Perspektive zu sehen. Hier gab es kein »So tun als ob« mehr. Ich war am Ende, und mein Herz war so verletzlich wie nie zuvor.

Wir vergeudeten viel Zeit damit, uns Sorgen zu machen und das Schlimmste zu befürchten. Doch plötzlich wurde mir so deutlich bewusst, dass ich Jesus brauchte. Auf einmal konnte ich gar nicht schnell genug zu ihm laufen. Ich sprach dabei keine ausgefeilten Gebete, sondern schrie einfach zu ihm und flehte ihn mit ungeschliffenen, oft auch unverständlichen Worten an, die alle einem »Bitte, Herr, bitte« glichen.

Ich könnte mir vorstellen, dass die Bitten des königlichen Beamten in dieser Geschichte ganz ähnlich geklungen haben. Als er um Hilfe bat, gab Jesus zunächst nur eine Antwort, die mit seinem Anliegen erst mal gar nichts zu tun hatte. Er sagte: *»Solange ihr nicht ein Wunder seht, weigert ihr euch zu glauben« (Johannes 4,48).* Aber Jesus sprach nicht zu dem Beamten, sondern zu den Menschen, die sich um ihn herum versammelt hatten. Sie waren gekommen, um zu sehen, ob Jesus dieselben Zeichen und Wunder tun würde wie in Jerusalem. Sie waren einfach nur neugierig, nicht verzweifelt. An diesem Tag sollten sie jedoch kein Wunder zu sehen bekommen.

Aber rate mal, wer stattdessen ein Wunder erlebte. Jesus sagte dem Beamten, er solle nach Hause gehen, sein Sohn sei gesund. Der Mann nahm Jesus beim Wort und ging. Das war's. Und genau das sollten wir alle tun, wenn wir in einer verzweifelten Situation sind: Jesus beim Wort nehmen.

Heilte Jesus meine Tochter auf der Stelle? Nein. Aber das hatte er mir auch nicht versprochen. Er heilte sie stattdessen im Lauf mehrerer Jahre auf wundersame Art und berührte auf diese Weise viele Herzen – auch mein eigenes. Dadurch blieb ich verletzlich und auf ihn angewiesen. Und es führte schließlich dazu, dass ich etwas ganz und gar Ungewöhnliches und zugleich Wunderschönes tat: mein Leben ganz in Gottes Hand zu legen und zu lernen, Jesus beim Wort zu nehmen.

Gebetsfokus

Danke Gott für seine große Liebe und dafür, dass er immer wieder Verzweiflung in deine Lebensgeschichte hineinwebt. Bitte ihn, deinen Glauben zu stärken und dir zu helfen, ihn beim Wort zu nehmen. Lobe Jesus dafür, dass er dein Tröster und Retter ist, dass er heilen kann und dass er zu dir kommt, wenn du am verletzlichsten bist.

Die nächsten Schritte

- Kennst du Jesus wirklich oder eher nur vom Hörensagen? Fällt es dir schwer, ihn beim Wort zu nehmen?
- Auf welche Weise hat Verzweiflung in deinem Leben schon dazu geführt, dass du Jesus nähergekommen bist? Was waren die Umstände? Und wie hat er dir geantwortet?
- Lies Psalm 34,18. Wie verändert die Gewissheit, dass Jesus in schweren Zeiten immer bei dir ist, dein Erleben solcher Notzeiten?

Tag 6
RÄTSEL

> »Sobald Jesus im engeren Kreis seiner Apostel und Jünger war, erklärte er ihnen die Gleichnisse. Doch sie wollten auch wissen, warum er seine Lehre immer nur mit Hilfe solcher Gleichnisse weitergab. Jesus sagte: ›Ihr habt angefangen zu begreifen, wie Gott seine Herrschaft in dieser Welt ausübt. Viele Menschen wollen das aber gar nicht wissen. Darum erzähle ich Geschichten, damit die Suchenden finden können, alle anderen aber, die nur zuhören, doch nichts verstehen, und die, die nur zuschauen, doch nichts erkennen. So traurig es ist: Wer nicht zu Gott umkehren will, bleibt in all dem stecken, was ihm schon immer das Leben schwer gemacht hat – nicht zuletzt seine eigene Schuld.‹«
> *Markus 4,10-12*

Jesus, seine zwölf Jünger und eine kleine Gruppe von Nachfolgern hatten sich von der großen Menschenmenge zurückgezogen. Jetzt, wo sie ihren Lehrer ganz für sich hatten, war der perfekte Zeitpunkt, um Jesus Fragen zu stellen. Doch die Antworten sorgten bei den Jüngern für noch mehr Fragen, denn Jesus erklärte ihnen, dass er in der Öffentlichkeit Gleichnisse erzählte, damit manche die Bedeutung seiner Worte nicht verstehen können.

Wieso das? Warum sollte Jesus wollen, dass manche Menschen ihn nicht verstehen können? Das klingt doch unlogisch. Jesus ist schließlich gekommen, um die Menschen zu suchen und zu retten, und nicht, um sie zu verwirren. Es klingt fast so, als würde er absichtlich in Rätseln sprechen anstatt in anschaulichen Gleichnissen. Das passt doch gar nicht zu dem, was er sonst sagt: *»Habt Vertrauen! Wenn ihr Gott um etwas bittet, sagt ihm mit einfachen Worten, was ihr nötig braucht. Er weiß, wie er euren Bitten und Fragen am besten begegnet« (Matthäus 7,7-8).* Oder … passt es am Ende vielleicht besser zusammen, als wir denken?

Die Jünger waren Suchende. Sie waren so überzeugt davon, dass Jesus der Messias ist, dass sie alles stehen und liegen ließen, um ihm zu folgen und von ihm zu lernen. Sie absolvierten ein Trainingslager, um eines Tages genau das zu tun, was Jesus tat: zu predigen, zu heilen und Menschen näher zu Gott zu führen. Doch zunächst saßen sie fernab der Menschenmenge mit ihm zusammen, stellten schwierige Fragen und versuchten, seine Antworten zu verstehen. Sie beobachteten sein Verhalten ganz genau und dachten über alles nach, was sie mit ihm erlebten. Und unterdessen ging die Saat ihres Glaubens auf und trieb tiefe Wurzeln in ihren Herzen und in ihrem Geist.

Dieses Unterwegssein mit Jesus, das Ringen um Verständnis, das war es, was sie von den reinen Schaulustigen unterschied. Die Zaungäste wurden aussortiert, und übrig blieben nur diejenigen, die wirklich auf der Suche nach Wahrheit waren. Viele Menschen strömten in Scharen zu Jesus, weil er etwas für sie tun sollte: Sie wollten Heilung für sich selbst oder für einen Angehörigen, manche wollten auch nur ein Spektakel zu sehen kriegen. Viele wollten, dass dieser Wundertäter sie von der römischen Besatzung befreite, unter der sie so sehr litten. Wenn Jesus stattdessen »nur« Geschichten erzählte, wurde die Menge automatisch kleiner – vor allem, wenn die Geschichten auch noch schwer zu verstehen waren.

Ironischerweise reagieren Menschen aber oft genauso, wenn sie kriegen, was sie wollen: Sie gehen weiter und machen ihr eigenes Ding. Sobald der Blinde wieder sehen und der Gelähmte wieder gehen kann, ist die Show ja vorbei, und die Zuschauer gehen heim.

Vielleicht ist genau das der Knackpunkt. Vielleicht war für Jesus die Aufrichtigkeit seiner Nachfolger wichtiger als die Menge der Nachfolger. Er offenbarte nur denen die Geheimnisse des Himmels, die auch nach der »Show« noch da waren, Fragen stellten und mit ihrer Verwirrung und ihren Zweifeln rangen. Er half ihnen, die Welt durch Gottes Augen zu sehen und die Wahrheit zu erkennen – dass Jesus der Sohn Gottes ist, durch den wir gerettet werden können. Er zeigte ihnen, dass er selbst das Leben ist.

Tief greifende, bis in die Ewigkeit hineinreichende Themen gedanklich regelrecht durchzukauen, immer wieder über sie nachzusinnen und mit ihnen zu ringen, all das schult uns darin, unser Herz in eine Haltung von gespannter Erwartung zu bringen und bereit zu sein, von Gott die Wahrheit gezeigt zu bekommen – nach seinem Zeitplan und auf seine perfekte Art und Weise. Dann sind die Ohren und Augen unseres Herzens offen und aus den Rätseln werden für uns verständliche Gleichnisse.

Gebetsfokus

Bete dafür, dass Gott dir hilft, seine Worte immer besser verstehen zu können. Bitte ihn auch um Geduld, damit du seinem Zeitplan vertrauen kannst. Er wird dir seine Wahrheit zur richtigen Zeit deutlich machen.

Die nächsten Schritte

- Lies Johannes 3,16. Beschreibe, wie Gott für uns Menschen empfindet. Für wen hat er seinen Sohn geschickt und warum?
- Inwiefern gehörst du manchmal auch eher zu den Schaulustigen?
- Was müsste sich in deiner Beziehung zu Jesus konkret ändern, damit du dich – wie die Jünger damals – voll und ganz auf ihn einlässt?

SO. JETZT IST ES RAUS.

Jesus nachzufolgen, heißt nicht automatisch, die ganze Bibel zu verstehen – manche Dinge brauchen Zeit und müssen erst verdaut werden. Es heißt auch nicht, automatisch alles super zu finden, was die Bibel sagt – mit manchem müssen wir ringen, bevor wir es stehen lassen können. Uns ist es wichtig, authentisch zu sein und geistlich voranzukommen. Deshalb wollen wir in den folgenden Kapiteln einige Themen ansprechen, die in der Kirche oft unter den Tisch fallen. Mit anderen Worten: Wir wollen (a) klar benennen, was Sache ist – was wir nicht verstehen oder was uns stört –, während wir (b) versuchen, es besser zu verstehen, weil wir (c) Jesus ernsthaft nachfolgen wollen.

Tag 7

SALZ, LICHT UND FREUDE

»Ihr seid in dieser Welt so etwas wie Salz, durch das die Menschen wieder Geschmack an Gott finden sollen. Wenn ihr aber eure ›Salzigkeit‹ verliert, wie soll dann jemand noch Geschmack am Leben mit Gott finden? Dann seid ihr zu nichts mehr nütze und werdet im Abfall landen. Oder anders ausgedrückt: Ihr seid hier, um Licht zu sein, um die Farben Gottes in dieser Welt hervorzubringen. Was Gott in eurem Leben getan hat, sollte von allen Menschen so erkannt werden können, wie man schon von ferne eine Stadt wahrnimmt, die auf einem Hügel liegt. Eine Lampe stellt man mit Sicherheit nicht unter einen Eimer, sondern an einen Platz, von dem alle im Raum das meiste haben. Mit euch ist es nicht anders. Habt kein Problem damit, andere in euer Leben hineinschauen zu lassen. Nur so können sie an eurem Verhalten etwas von Gott entdecken, das sie begeistert.«
Matthäus 5,13-16

Wir verstehen nicht immer sofort alles, was Jesus sagt. Mit Salz und Licht ist das wahrscheinlich nicht anders. Wozu diese beiden? Was bedeuten sie? Beide verfolgen ein eigenes Ziel. Salz dient dazu, Geschmack zu verleihen. Interessant ist hier vielleicht zu wissen, dass Salze extrem stabile chemische Verbindungen sind, die ihre Salzigkeit eigentlich nicht verlieren können. Salz bleibt Salz – zumindest so lange, bis man es mit viel, viel Wasser vermischt und darin auflöst. Licht dient dazu, dass man sehen kann. Das menschliche Auge kann selbst eine kleine Lichtquelle von der Größe einer Kerzenflamme aus zwei Kilometern Entfernung erkennen. Licht ist also sehr schwer zu verstecken; je heller es ist, desto weniger – es sei denn, man bedeckt es oder löscht es aus.

Das bedeutet also: Wenn Salz keinen Geschmack mehr hat – beziehungsweise Licht nicht gesehen werden kann –, dann ist es wertlos.

Jesus sagte zu seinen Nachfolgern, dass sie Salz und Licht seien. Aber das ist nicht alles, was er sagte. In Matthäus 5 hält Jesus eine längere Predigt mit folgender wichtiger Einleitung zu seinem Vergleich mit Salz und Licht:

»Und nicht nur das. Haltet euch jedes Mal für gesegnet, wenn euch Leute niedermachen oder benachteiligen, wenn sie Lügen über euch verbreiten, um mich in Misskredit zu bringen. Ihr werdet – so unwahrscheinlich das jetzt noch für

euch klingen mag – in solchen Situationen eine ganz tiefe Freude empfinden, ja regelrecht fröhlich sein. Und das ist erst der Anfang der Belohnung. Gott wird den Himmel weit für euch öffnen. Und denkt daran, dass ihr in bester Gesellschaft seid. Meine Propheten und Zeugen sind in allen Jahrhunderten drangsaliert worden. Ihr seid in dieser Welt so etwas wie Salz, durch das die Menschen wieder Geschmack an Gott finden sollen« (Matthäus 5,11-13).

Unsere Reaktion darauf, dass andere Menschen schlecht mit uns umgehen, sollte den Wert von Salz und Licht hervorbringen: Wir sollen anders sein als andere. Geschmackvoll. Lichtspendend. Wir sollen freundlich sein. Darüber hinaus sollen wir uns als gesegnet betrachten und uns freuen, wenn wir wegen unseres Glaubens schlecht behandelt werden. Denn das bedeutet, dass wir ihn nicht verstecken. Die Propheten versteckten ihren Glauben auch nicht, sie gingen offen damit um, waren erfüllt von ihrem Glauben und bereit dazu, Gott unter schwierigen Umständen treu zu sein. Was sie sagten und taten, war geschmackvoll, passte aber oft nicht zu der Kultur, in der sie lebten. Aber sie ließen ihr Licht leuchten, damit alle es sehen konnten, und sie mussten dafür oft leiden.

Freundlich, fröhlich und friedlich zu sein, weil wir mit dem Himmel in Verbindung stehen, passt oft auch nicht zu der Kultur, in der wir leben. Die typischen Reaktionen auf Drangsalierung und Beleidigungen bestehen in der Regel darin, sie zurückzuschleudern, Respekt einzufordern, sich als Nummer eins aufzuspielen und sich nicht mit Platz zwei zufriedenzugeben, sich zu verteidigen oder schmollend in der Ecke zu sitzen – oder auch dem anderen so richtig die Meinung zu geigen, speziell dann, wenn wir dabei keinem in die Augen schauen müssen, sondern uns in der Anonymität des Internets sicher fühlen können. So wie Salz durch Wasser verdünnt wird, können unser Glaube und unser Entschluss, dementsprechend zu leben, durch die Welt, in der wir leben, verwässert werden.

Doch als Nachfolger von Jesus sollen wir anders sein – so wunderbar anders, wie er es war. Seine Worte waren bescheiden, interessant, wesentlich, zeitlos und für immer wahr. 2000 Jahre später haben seine Worte ihren Geschmack nicht verloren. Seine Werte strahlen immer noch wie die Sonne in dieser Welt. Er zieht Menschen an, so wie uns Licht aus der Dunkelheit führt. Jesus liebte die Menschen und betete sogar für die, die ihn verfolgten und quälten. Letztendlich starb er für genau die Menschen, die ihn misshandelten. Und er trug eine unerschütterliche Freude in sich, weil er über das Hier und Jetzt hinausblickte.

Und wir können immer mehr so werden wie er.

Gebetsfokus

Bitte Gott, dir zu zeigen, wo du dich eher so verhältst, wie es in der Kultur um dich herum üblich ist, anstatt das zu tun, was Jesus tun würde. Bitte ihn darum, dich in dieser Welt zu Salz und Licht zu machen.

Die nächsten Schritte

- In welchen Dingen bist du weniger »salzig« geworden? In welchen Situationen versteckst du dein Licht?
- Manchmal verwechseln Christen »Salzigkeit« mit Härte. Aber für Jesus bedeutete salzig zu sein, anderen mit Freude und Liebe zu begegnen. Erkläre mit deinen eigenen Worten, warum.
- Für wen könntest du heute Salz und Licht sein? Und wie?

Tag 8

LIEBE

»Ganz ähnlich verhält es sich mit dem bekannten Gebot: ›Liebe deinen Nächsten.‹ Für die meisten Menschen ist jeder Mensch ein Nächster, nur nicht die persönlichen Feinde. Diese zu hassen halten sie für ihr selbstverständliches Recht. Auch hier möchte ich euch herausfordern: Fangt an, eure Feinde zu lieben. Ja, betet selbst für die, die euch das Leben schwer machen, nur weil ihr zu mir gehört. Lebt etwas von der unbegreiflichen Güte Gottes, der die Sonne, die uns wärmt, und den Regen, der alles wachsen lässt, allen gewährt – ganz gleich, ob jemand gut ist oder schlecht, voller Liebe oder undankbar. Wenn ihr es nur fertigbringt, die zu lieben, die liebenswert sind, erwartet ihr da wirklich eine besondere Anerkennung von Gott? Jeder Mensch verhält sich so. Wenn ihr einfach nur zu denen ›Hallo‹ sagt, die auch euch grüßen, dann macht ihr nicht mehr als alle anderen auch. Daran kann man wirklich noch nicht erkennen, dass ihr in einer Beziehung mit Gott lebt. Seine Wesensart sollte immer mehr euer alltägliches Verhalten bestimmen.«
Matthäus 5,43-48

Uff! Was für eine Aussage! Jeden Menschen zu lieben, auch seine Feinde, klingt theoretisch nach einer wunderschönen Idee. Bis du selbst einen Feind hast. Dann klingt es nur noch schwachsinnig und schlichtweg unmöglich.

Was noch unmöglich ist? So perfekt zu sein wie unser Vater im Himmel. Spoiler-Warnung: Gott weiß ganz genau, dass wir hier auf Erden niemals perfekt sein können. Warum also sagt Jesus dann so etwas? Warum vergeudet er seine Zeit mit so einem unrealistischen Auftrag wie »Liebt eure Feinde«?

Vielleicht sollten wir uns dazu erst mal anschauen, wie das Gegenteil der Feindesliebe aussieht. Da müssen wir nicht lange suchen. Die Nachrichten sind voll von Beispielen, die zeigen, wie politische Feinde miteinander umgehen. Da ist keiner besser als der andere. Jesus stellte sich nie auf eine politische Seite – er hatte seinen eigenen Standpunkt.

Aber nicht nur in der Politik offenbart sich unser Mangel an liebevollem Umgang miteinander. So viele andere Dinge könnte man hier aufzählen: hässliche Twitter-Kommentare, Cyber-Mobbing, Cancel-Culture, Rufmord, Nachbarschaftsstreitigkeiten, Scheidungskriege, Erbstreitigkeiten, Vergewaltigungen, Morde, Menschenhandel, moderne Sklaverei, Schießereien an Schulen, Klassenkampf, Geschlechterkampf und unzählige Kriege.

Wir sehen wenig Kompromissbereitschaft, keine Vergebung, viel Paranoia und viel zu viel Entfremdung – und das alles, weil wir nur uns selbst sehen und die Anliegen anderer Menschen möglichst weit wegschieben wollen.

Es mag sich ja zunächst gut anfühlen, in Selbstmitleid zu baden und unsere Verbitterung zu pflegen. Hass und Ärger machen uns tatsächlich krank – Panikattacken, Herzinfarkte, Schlafprobleme, Tumore, chronische Rücken- und Nackenschmerzen sind Volkskrankheiten, weil wir all unseren Stress und unsere unverarbeiteten Gefühle mit uns herumschleppen. Wir runzeln permanent die Stirn und verpassen uns dadurch selbst dauerhafte Zornesfalten. Wozu? Hass bewirkt nichts Gutes. Hass befriedigt uns kurz mit Selbstgefälligkeit, doch er hinterlässt eine Dunkelheit und Härte in unseren Herzen – so als würden wir bis zu den Knien in frischem Beton stehen, der langsam aushärtet.

Vielleicht sollten wir den Auftrag, unsere Feinde zu lieben, nicht nur um der Feinde willen ernst nehmen, sondern auch um unseretwillen. Denn Liebe bringt uns weiter – sie zieht uns heraus aus unserem Schmerz, aus Verletzung, Verlust und Egoismus, die ja oft die Ursache für unsere Misere sind.

Wie schaffen wir es also, unsere Feinde so zu lieben, wie Gott es tut? Es gibt nur eine Antwort: Jesus.

»Alles halte ich aus durch den, der mir Kraft schenkt« (Philipper 4,13).

Tatsächlich ist es für uns selbst aus unserer eigenen Kraft heraus nicht möglich, unsere Feinde zu lieben. Ohne Jesus sind wir einfach nicht in der Lage dazu, immer gnädig, zurückhaltend und bescheiden zu sein. Selbst wenn wir uns für Freundlichkeit entscheiden, kommt irgendwann der Moment, wo unsere Freundlichkeit endet und in Hass umschlägt.

Doch Gottes Möglichkeiten sind endlos. Seine Liebe und Geduld gehen nie aus. Er hört nicht auf, Gutes zu tun, uns nachzugehen, uns zu vergeben und uns auf grünere Weiden zu führen. Das Schöne ist: Wenn wir annehmen können, dass Jesus für uns am Kreuz gestorben und wieder vom Tod auferstanden ist, dann kommt der Heilige Geist in unser Herz. Gott lebt dann in uns, er verändert uns, und er liebt andere auf seine vollkommene Weise durch uns.

Aus eigener Kraft werden wir es nie schaffen, unsere Feinde wirklich zu lieben, und in diesem Leben werden wir auch nie so vollkommen sein, wie Gott es ist. Aber Gott hat schon damit begonnen, uns zu verändern und uns allmählich in den Menschen zu verwandeln, den er in uns sieht. Gott macht uns Jesus immer ähnlicher, dessen Liebe keinen Anfang und kein Ende hat und dessen Liebestat am Kreuz es uns ermöglichte, ihn immer besser kennenzulernen. Mit ihm werden wir die Ewigkeit verbringen, wo es keine Schuld und keine Fehler mehr geben wird, keine Trennung von Gott. Dort werden wir umgeben sein von den Menschen, die wir mit in den Himmel geliebt haben. Vielleicht sogar unsere Feinde. Wow.

Gebetsfokus

Bitte Gott darum, dir zu zeigen, wo du in deinem Herzen Hass zugelassen hast. Bete für die Menschen, mit denen du dich schwertust. Bitte Gott darum, dich Jesus immer ähnlicher zu machen, sodass du es schaffst, die unmöglichsten Menschen zu lieben.

Die nächsten Schritte

Unsere Feinde zu lieben heißt nicht, dass wir gleich mit ihnen befreundet sein müssen. Manche Menschen tun uns gar nicht gut, und es ist besser, zu ihnen keine persönliche Beziehung aufzubauen, um unsere eigene Seele vor negativen Einflüssen zu schützen. Andere Menschen sind voller Bitterkeit und möchten gar keine echte Beziehung zu uns, selbst wenn wir sie ihnen anbieten. Manche Menschen sind schon gestorben und es gibt nichts, was wir ihnen noch sagen oder noch für sie tun könnten – zumindest nicht in diesem Leben. Doch unabhängig von deiner physischen Nähe oder Distanz zu anderen Menschen möchte Jesus, dass dein Herz weich und mitfühlend bleibt – und das ist nur möglich, wenn er dein Herz in seinen Händen hält.

- Bei welchen Menschen fällt es dir schwer, sie zu lieben? Warum?
- Was sagt Gott dir über den Zustand deines Herzens?
- Lies 1. Johannes 4,7-8. Welche eine Sache wünscht sich Gott heute wohl von dir, an der für andere offensichtlich wird, dass du deinem himmlischen Vater ähnlich bist?

Tag 9

GEBET

»Vater unser im Himmel,
geheiligt werde dein Name.
Dein Reich komme.
Dein Wille geschehe,
wie im Himmel, so auf Erden.
Unser tägliches Brot gib uns heute.
Und vergib uns unsere Schuld,
wie auch wir vergeben unsern Schuldigern.
Und führe uns nicht in Versuchung,
sondern erlöse uns von dem Bösen.
Denn dein ist das Reich
und die Kraft und die Herrlichkeit
in Ewigkeit.
Amen.«
Vgl. Matthäus 6,9-13

Beten fühlt sich manchmal wie ein Selbstgespräch an, ein langweiliges noch dazu. In einer Welt, in der wir uns ständig kurze Nachrichten schicken, weil das bequemer ist, als denjenigen extra anzurufen, werden bedeutsame, tief greifende Gespräche immer seltener. Zunehmend schwer fällt es uns wohl auch, Tempo aus unserem Alltag herauszunehmen, ruhig zu werden und zu lauschen, was Gott uns zu sagen hat. Es geht dabei nicht ums Hören mit unserem Ohr, sondern ums Hören mit unserem Herzen – oft fällt uns das besonders schwer, weil wir eigentlich nicht so recht wissen, wie das geht.

In Matthäus 6 predigt Jesus über viele verschiedene Themen wie Liebe, Lust, Scheidung, Rache, Geld und Gebet. Er beginnt damit, den Menschen zu sagen, was sie nicht tun sollten: insbesondere nämlich nicht beten, um von anderen dafür bewundert zu werden. Auch sollen wir unsere Gebete nicht mit vielen, aber letztlich leeren Sätzen füllen. Er sagt: *»Hier ist das, was ich von euch erwarte: Sucht euch einen ruhigen, abgeschiedenen Ort, sodass ihr nicht in die Gefahr geratet, vor Gott irgendeine Rolle zu spielen. Seid lediglich vor ihm da, so einfach und ehrlich, wie es euch möglich ist. Eure Aufmerksamkeit wird sich von euch weg zu Gott hinbewegen und ihr werdet mehr und mehr seine Gnade erfahren« (Matthäus 6,6).* Das ergibt absolut Sinn, denn das Gebet ist ein intimer Dialog zwischen Gott und Mensch, keine öffentliche Show.

Natürlich ist grundsätzlich nichts dagegen einzuwenden, in der Gemeinde oder in kleineren Gruppen gemeinsam mit anderen zu beten. Im Gegenteil: Wir dürfen und sollen mit anderen gemeinsam zu Gott kommen, füreinander beten und auch gemeinsam Gott anbeten. Darum geht es schließlich in der Kirche. Nur sollte das gemeinsame Gebet nicht zu einem religiösen Schaulaufen verkommen. Jesus sagt: *»Wenn zwei von euch einmütig im Gebet ein Anliegen vor Gott bringen, wird mein Vater im Himmel dementsprechend handeln. Denn wo zwei oder drei in meinem Namen versammelt sind, da bin ich mitten unter ihnen« (Matthäus 18,20).*

Das gemeinsame Beten ist also durchaus wichtig. Es sollte aber das persönliche Gespräch mit Gott nicht ersetzen. So weit sind die Tipps von Jesus recht einfach umzusetzen – entweder in Gemeinschaft beten oder allein an einem zurückgezogenen Ort. Doch wie sieht es mit dem Inhalt unseres Gebets aus? Wir sollen nicht viele und leere Worte machen. Das fällt uns schon schwerer, denn dazu neigen wir wohl alle.

Wir wissen, dass wir beten sollen, und deshalb tun wir es. Aber wir wissen nicht immer, was wir sagen sollen, und halten kaum die Stille aus, die sich einstellt, wenn wir nichts mehr zu sagen haben. Und so füllen wir die Stille mit vielen leeren Worten. Das fühlt sich immerhin an wie Beten, und wir stehen dann nicht so schnell in der Gefahr einzuschlafen, was uns ja auch mal schnell passieren kann, wenn es still wird. Letztlich fühlt es sich auch gut an, wenn wir den Punkt »Gebet« auf unserer To-do-Liste abhaken können. Doch darum geht es gar nicht beim Gebet. Ein Gespräch mit Gott (oder auch mit Menschen) zu führen besteht im Wesentlichen aus zwei Dingen: Bedeutsames sagen und zuhören.

Glücklicherweise sagt Jesus uns aber nicht nur, wie wir nicht beten sollen, sondern er liefert uns auch eine Vorlage, wie ein Gebetsdialog mit Gott aussehen kann. Er möchte uns keineswegs verwirren oder entmutigen, sondern uns helfen, vertrauensvoll zu Gott zu kommen, in der Gewissheit, dass wir gewollt und geliebt sind. Er weiß auch, dass wir jede Menge mit ins Gebet nehmen – unsere Sorgen und Ängste, unsere Liebe zu ihm, unsere Zerbrochenheit, unsere Dankbarkeit, unsere Schuld und unsere Scham. All das schleppen wir immer wieder mit in unsere Gebete. Oft halten uns gerade jene Dinge, die uns belasten, so sehr in Schach, dass wir vergessen, sie ihm zu übergeben, obwohl er derjenige ist, der uns helfen und gesund machen kann.

Die Gebetsvorlage, die Jesus uns gibt, soll also kein strenges und starres Ritual sein. Vielmehr soll sie uns helfen, in die Nähe Gottes hineinzufinden. Sie gibt uns den Raum, um all die Dinge zu sagen, die wir sagen wollen und sagen sollen:

»Vater unser im Himmel«

Mein Vater, der auf seinem Thron im Himmel sitzt, der regiert, alles sieht, alles weiß, der liebt und die ganze Welt mit seinem Wort zusammenhält:

»Geheiligt werde dein Name.«

Du bist heilig. Du bist der König über das Universum und Herr meines Herzens.

»Dein Reich komme. Dein Wille geschehe, wie im Himmel, so auf Erden.«

Setze deine guten Pläne um, Gott. Verbreite dein Himmelreich in den Herzen der Menschen und gebrauche mich für deine Ziele. Deine Wege sind höher und besser als meine. Sie sind von ewigem Wert, komplex und über alle Maßen schön. Tue das, was du für richtig hältst, Gott, und lass mich deine Wege erkennen und begeistert davon sein.

»Unser tägliches Brot gib uns heute.«

Ich bitte dich heute um Versorgung, Herr. Lenke meine Schritte und schenke mir Vertrauen und Kraft, um dir nachzufolgen. Schenke meinem Herzen Ruhe – ich habe so viele Bedürfnisse und ich kann ihnen nicht gerecht werden, schon gar nicht allein. Sei mir treu, Herr. Du weißt, was ich brauche. Durch

Jesus hast du versprochen, gut für mich zu sorgen. Danke, dass du nicht lügst und dich nicht veränderst.

»Und vergib uns unsere Schuld, wie auch wir vergeben unsern Schuldigern.«
Vater, vergib mir, dass ich oft so viel Angst habe. Vergib mir, dass ich deine Treue bezweifle. Vergib mir, dass ich mich in Gier, Ungeduld und Egoismus verliere. Mach mein Herz und meinen Geist rein, Herr, damit ich weiß wie Schnee werde. Mach mich Jesus ähnlicher. Er ist der Ursprung und Vollbringer meines Glaubens. Und hilf mir, dass ich aus deiner großen Vergebung und Liebe heraus auch anderen vergeben kann. Ich möchte mich nicht über andere ärgern oder sie verurteilen, Herr, sondern liebevoll mit ihnen umgehen, so wie du es tust.

»Und führe uns nicht in Versuchung, sondern erlöse uns von dem Bösen. Denn dein ist das Reich und die Kraft und die Herrlichkeit in Ewigkeit. Amen.«
Bewahre mich davor, dir vorauszueilen, Herr. Hilf mir, die Fallen und Lügen des Feindes zu entlarven und mich davor in Sicherheit zu bringen. Du bist gut, Gott. Du bist allmächtig und wunderbar. Ich liebe dich. Ich diene dir. Ich folge dir. Amen.

Das Vaterunser ist eine Vorlage, die der Erfinder des Gebets sich für uns ausgedacht hat. Wenn wir diese Worte gesprochen haben – Worte, die uns alle Last abnehmen und unseren Blick wieder neu ausrichten –, sollten wir gespannt abwarten, was Gott uns antwortet: in der Stille, mit Geduld und in der Erwartung, dass Gott uns im Gebet tatsächlich begegnen will. In seiner Liebe und unerschütterlichen Treue ist Gott bereit, sich zu uns herabzubeugen und durch verschiedene »Kanäle« zu uns zu sprechen: durch sein Wort (die Bibel), durch unsere Anbetung und durch unsere Herzens-Ohren. Wir brauchen nur eine Weile innezuhalten, abzuwarten und zu glauben, dass er sich uns zeigt.

Gebetsfokus

Heute hast du die Vorlage schon, stimmt's?

Die nächsten Schritte

- Hand aufs Herz, was bedeutet Beten für dich persönlich? Ist es eine langweilige, anstrengende oder strikte Angelegenheit? Ist es vor allem eine Möglichkeit, mal eben schnell bei Gott deine Wünsche abzuladen, bevor du zurück in deinen Alltag hüpfst? Oder ist es eine Zeit, in der du Gott ganz ehrlich dein Herz ausschüttest und in der Gott sich dir zeigen kann?

- Was glaubst du, warum Jesus uns so genaue Anweisungen zum Beten gegeben hat? Was waren wohl sein Beweggrund und sein Ziel?
- Was wirst du ab jetzt an deinem Gebetsleben ändern? An welchen Orten wirst du beten? Zu welchen Zeiten? Und auf welche Weise? Mach dir immer wieder bewusst, wie wichtig deine Beziehung zu Gott ist, und schütze sie davor, in die Bedeutungslosigkeit abzudriften.

Tag 10

FASTEN

»Da fragten sie ihn: ›Die Jünger von Johannes sind dafür bekannt, dass sie Fastenzeiten einhalten und viel beten. Das Gleiche gilt für die Pharisäer. Doch ihr scheint euch nicht um solche religiösen Praktiken zu kümmern. Wie ernst ist es euch eigentlich mit Gott?‹«
Lukas 5,33

Wer schon einmal gefastet hat, weiß: Das ist kein Zuckerschlecken, im wahrsten Sinne des Wortes.

Natürlich kann Fasten eine wunderbare spirituelle Übung sein – Jesus selbst fastete immer wieder. Aber Essen macht offensichtlich mehr Spaß, als nichts essen zu dürfen. Der Zweck des Fastens ist also nicht gerade selbsterklärend.

In dieser Hinsicht fielen die Jünger von Jesus richtig auf. Denn im Gegensatz zu den Jüngern von Johannes dem Täufer oder den Pharisäern, die – für alle offensichtlich – häufig fasteten, aßen und tranken Jesus und seine Jünger – auch für alle offensichtlich – und erregten damit Empörung, weil sie sich nicht an die religiösen Normen hielten. Vielleicht waren die Jünger so sehr von all den Wundern vereinnahmt oder einfach so begeistert von den radikalen neuen Botschaften, die Jesus verbreitete. Vielleicht kamen sie gar nicht hinterher, all das zu verarbeiten, was sie mit Jesus erlebten. Jedenfalls kamen sie offenbar nicht auf die Idee zu fasten. Doch dazu gleich mehr.

Jetzt fassen wir erst einmal zusammen, was Fasten nicht ist:

- Fasten ist nicht dazu gedacht, um in der Öffentlichkeit Eindruck zu schinden. Wir sollen nicht fasten, um vor anderen Menschen anzugeben oder von ihnen bewundert zu werden. Im Gegenteil: Genau wie das Beten ist auch das Fasten Privatsache, etwas Persönliches zwischen uns und Gott. *»Manche von euch fasten scheinbar aus religiösen Beweggründen. In Wirklichkeit möchten sie nur gewisse fromme Kreise beeindrucken. Wenn dann nach einem beiläufigen Hinweis auf die Dauer ihres Fastens ein Raunen durch die Reihen geht, sind sie restlos zufrieden. Ich sage euch: Wenn ihr fastet, vergesst eure säuerliche Miene. Macht euch frisch und begegnet den Menschen wie sonst auch. Versagt es euch, mit irgendeinem Wort anzudeuten, was ihr gerade aus Liebe zu Gott tut. Er wird mit Sicherheit nicht übersehen, wie ernst ihr es meint, wenn ihr mit Fasten eurem Gebet mehr Nachdruck verleihen wollt« (Matthäus 6,16-18).*

- Fasten ist kein tieferes oder effektiveres Gebet. Vielleicht denken wir, dass wir durchs Fasten die Wirkung unseres Gebetes verstärken könnten – so als ob unsere Leidenschaft im Gebet, unsere Tränen oder unsere Disziplin (wie beim Fasten) bewirken könnten, dass Gott uns noch mehr Aufmerksamkeit schenkt. Doch das ist Quatsch, denn Gott schenkt seinen Kindern immer die volle Aufmerksamkeit. Fasten zeigt vielleicht, wie ernst wir es mit Gott meinen, aber es sorgt nicht dafür, dass er uns mehr zuhört. *»Ob ich sitze oder stehe – du weißt es, aus der Ferne erkennst du, was ich denke. [...] Schon bevor ich anfange zu reden, weißt du, was ich sagen will« (Psalm 139,2.4).*
- Fasten ist nicht das eigentliche Ziel, es ist lediglich ein Mittel zum Zweck. Denn geistliche Disziplin hat nur dann einen Wert, wenn sie uns näher zu Gott bringt. Andernfalls ist sie bloße Übung ohne Sinn. *»Du willst kein Schlachtopfer, sonst hätte ich es dir gebracht; nein, Brandopfer gefallen dir nicht. Ich bin zerknirscht und verzweifelt über meine schwere Schuld. Solch ein Opfer gefällt dir, o Gott, du wirst es nicht ablehnen« (Psalm 51,18-19).*

Gott geht es um unser Herz, nicht um gutes, pflichtbewusstes Verhalten. Fasten ist ein stiller Glaubensakt. Es geht darum, sich darauf zu verlassen, dass das, was Gott gibt, besser ist als das, was die Welt zu bieten hat – dazu gehört auch die Nahrung. Beim Fasten erkennen wir an, dass die ganze Erde vom Himmel abhängig ist, von dem, der uns auf eine Weise erfüllen kann wie sonst niemand. Beim Fasten geht es darum, unseren Körper ein wenig aus dem Fokus zu nehmen, um Gott zu suchen: seine Weisheit, seine Führung und sein Eingreifen. Unser Hunger kann uns als Erinnerung dienen, zu Gott zu kommen und zu beten. Durch das Fasten richten wir unser Herz wieder neu auf Gott aus, wir kommen mit leeren Händen zu ihm und genießen die Gemeinschaft mit ihm.

Genau deshalb brauchten die Jünger von Jesus nicht zu fasten. Sie hatten ja die ganze Zeit Gemeinschaft mit Gott, weil sie jede Sekunde mit Jesus verbrachten. Näher konnten sie Gott gar nicht kommen. Und sie mussten auch nicht durch Fasten beweisen, dass sie es ernst meinten. Sie folgten ihm von ganzem Herzen, waren bereit, sich von ihm beschenken zu lassen, und vertrauten ihm ihr Leben an – so wie wir das heute auch tun können.

Ganz egal, ob wir also fasten oder ganz normal essen und trinken, unser Ziel sollte immer eines sein: näher zu Jesus zu kommen.

Gebetsfokus

Bitte Gott, dir zu zeigen, wo sich falsche Denkmuster in Bezug auf deinen Glauben oder deine Glaubenspraktiken eingeschlichen haben. Bitte ihn, dir zu helfen, ihm dein Herz voll und ganz zu öffnen, damit du jeden Tag mehr von ihm lernen und empfangen kannst.

Die nächsten Schritte

- Welche geistlichen Übungen praktizierst du und warum? Oder wozu?
- Inwiefern hast du vielleicht den Sinn von Übungen wie Fasten, Spenden, Beten oder Zum-Gottesdienst-Gehen missverstanden?
- Was könntest du fasten, um mehr Zeit mit Gott verbringen zu können? (Es muss ja nicht immer der Verzicht auf Nahrung sein …)

Tag 11

SCHÄTZE

»Stapelt eure Schätze im Himmel, wo sie vor Motten, Rost und Dieben sicher sind. Ist das nicht einleuchtend? Der Platz, an dem euer Schatz ist, ist der Ort, an dem ihr euch am liebsten aufhalten möchtet. Ihr werdet nicht ruhen, bis ihr eines Tages für immer dort sein werdet.«
Matthäus 6,20-21

Wir finden Geld toll. So, sieht's aus!

Mit Geld ist das Leben eindeutig leichter als ohne, denn wir können uns mit Geld schöne Dinge kaufen. Außerdem gibt es eine gewisse Sicherheit im Alltag und für die Zukunft. Geld ermöglicht uns Luxus und Spaß. Und wer genug hat, kann anderen sogar noch etwas von diesen Dingen abgeben. Mit Geld lassen sich eine Menge Probleme viel einfacher lösen. Je mehr Geld wir haben, desto mehr Kontrolle haben wir über unser Leben – sollte man meinen.

Na ja. Geld kann uns all das zwar zu einem gewissen Grad bieten, aber es ist auch sehr flüchtig und vergänglich. So schnell wie wir Geld bekommen, so schnell können wir es auch wieder verlieren. Es gibt Börsencrashs, Steuererhöhungen, Kündigungen, Enteignungen, Teuerung und Inflation. Es können alle möglichen unvorhersehbaren Dinge passieren. Und dann? Schwimmen uns vielleicht die Felle davon, obwohl wir uns gerade noch in Sicherheit gewiegt haben.

Gleich nachdem Jesus sagt: *»Er (Gott) wird mit Sicherheit nicht übersehen, wie ernst ihr es meint, wenn ihr mit Fasten eurem Gebet mehr Nachdruck verleihen wollt« (Matthäus 6,18)*, spricht er von Schätzen im Himmel – zu denen auch unsere von Fasten begleiteten Herzensgebete gehören. Wir wissen natürlich nicht, wie solche Schätze im Himmel wirklich aussehen und ob sie sich dort tatsächlich wie Diamantenberge oder Goldbarren stapeln werden. Wahrscheinlich werden wir im Himmel keine Schätze mehr benötigen und uns überhaupt nicht mehr nach Reichtum sehnen, sobald wir bei Gott sind. Aber die Bibel fordert uns trotzdem dazu auf, Schätze im Himmel anzusammeln. Wir sollen uns einen Grundstock für die Zukunft anlegen (vgl. 1. Timotheus 6,17-19), hier auf der Erde etwas von unserem Besitz abgeben, um dann Reichtümer im Himmel zu haben (vgl. Lukas 18,22), und auf das hoffen, was Gott uns verspricht (vgl. Offenbarung 22,12).

Wir werden also immer wieder dazu aufgefordert, uns Schätze im Himmel zu sammeln, anstatt hier auf der Erde unsere Besitztümer zu stapeln. Warum? Weil diese Welt unvorhersehbar und schnelllebig ist und Geld uns keine echte Sicherheit geben kann. Außerdem können wir nichts von diesen weltlichen Dingen in den Himmel mitnehmen.

Ein Vergleich soll das verdeutlichen: Wenn du in ein anderes Land reisen würdest und wüsstest, dass du von dort keinerlei Souvenirs mit nach Hause nehmen darfst, würdest du dann in diesem Land shoppen gehen? Würdest du dir die Koffer vollstopfen mit Dingen, die der Zoll dir allesamt wieder abnehmen und wegwerfen würde? Oder würdest du auf die Shoppingtour verzichten und das Geld lieber in dein Zuhause investieren?

Jesus sagt uns keineswegs, dass wir uns nicht vorsorgen dürfen. Er geht auf unseren Wunsch nach Sicherheit ein, auf unsere Sehnsucht nach schönen Dingen und auf unser Bedürfnis nach guter Bezahlung für unsere Arbeit. Denn er weiß, dass uns all diese Dinge motivieren. Der Lohn muss stimmen.

Doch Jesus verweist dabei auf den Himmel. Er zeigt uns, wo und wie unser Lohn zu finden ist, dass er greifbar ist und messbar und unvergänglich. Sobald wir unseren Blick und unsere Gedanken auf die Ewigkeit richten, folgt auch unser Herz. Das heißt im Klartext: Anstatt unser Herz an all die vergänglichen Dinge dieser sterbenden Welt zu hängen (die unsere tiefste Sehnsucht letztlich sowieso nie erfüllen können), sollten wir unser Herz an Jesus hängen – die Menschen lieben, die er liebt, und uns Schätze in unserem zukünftigen himmlischen Zuhause sammeln.

»Der Platz, an dem euer Schatz ist, ist der Ort, an dem ihr euch am liebsten aufhalten möchtet. Ihr werdet nicht ruhen, bis ihr eines Tages für immer dort sein werdet« (Matthäus 6,21).

Geld ist in unserer Welt wichtig, damit wir überleben können. Das ist klar. Es ist außerdem ein Werkzeug, um Gutes zu tun. Wir sollten also dankbar sein für alles Geld, das Gott uns zur Verfügung stellt. Aber das war's dann auch. Geld ist vergänglich, genau wie unser Körper. Und ebenso wenig wie unseren Körper können wir Geld mit in den Himmel nehmen. Doch die Schätze, die wir durch ein Leben mit Jesus ansammeln – Liebe, Freundlichkeit, Demut, Großzügigkeit, Gehorsam, Vertrauen und vieles mehr –, die wird Gott uns im Himmel zurückgeben – mit Zins und Zinseszins.

Gebetsfokus

Bitte Gott um Vergebung dafür, dass du Geld und weltliche Sicherheiten manchmal mehr liebst als ihn. Sag ihm, dass du dankbar bist für das, was er dir in dieser Welt schenkt. Bitte ihn, dir zu helfen, deinen Fokus auf die Ewigkeit zu richten, damit du voller Hoffnung und Vorfreude auf dein zukünftiges himmlisches Zuhause blicken kannst. Denn das wird gigantisch werden!

Die nächsten Schritte

- *»Der Platz, an dem euer Schatz ist, ist der Ort, an dem ihr euch am liebsten aufhalten möchtet. Ihr werdet nicht ruhen, bis ihr eines Tages für immer dort sein werdet« (Matthäus 6,21).* Wo liegt dein Schatz und warum? Sei ehrlich zu dir selbst.
- Lies 1. Timotheus 6,10. Fasse mit deinen eigenen Worten zusammen, wovor Timotheus hier warnt.
- Wie kannst du heute deinen Schatz im Himmel erweitern? Was legt Gott dir heute aufs Herz: ein Gespräch, eine Geste, ein Gebet?

Tag 12

ANGST

»Was ich hier versuche, ist nichts anderes, als euch dazu zu bringen, endlich eure Sorgen loszulassen, nicht ständig damit beschäftigt zu sein, irgendetwas zu bekommen, zu erreichen, zu werden. Menschen, die Gott nicht kennen, machen sich mit alldem Probleme. Ihr aber kennt euren Vater im Himmel und wisst, wie sehr er euch liebt. Unterstellt euer Leben seiner liebevollen Herrschaft, alles andere überlasst seiner väterlichen Sorge. Ihr werdet herausfinden, dass an alle eure täglichen Bedürfnisse gedacht ist. Darum braucht und sollt ihr euch keine Sorgen machen. Es reichen schon die großen und kleinen Probleme, die ihr tagtäglich zu bewältigen habt.«
Matthäus 6,31-34

Keine Angst zu haben, ist unmöglich. Sorgen scheinen unvermeidbar zu sein, weil Dinge oft schieflaufen, und das kann negative Folgen haben. Sich nicht zu sorgen, scheint ein unrealistischer Anspruch zu sein. Manchmal bewirken Sorgen ja auch, dass wir etwas unternehmen, bevor das Befürchtete überhaupt erst eintritt – sich zu sorgen kann also auch verantwortungsvoll sein, oder nicht?

Von all den Dingen, über die Jesus hier hätte sprechen können, wählte er die Sorge und ihre logische Konsequenz: die Angst. Wie passend, denn auch heute noch, im 21. Jahrhundert, ist dieses Thema brandaktuell. Die Angst in dieser Welt scheint immer mehr zuzunehmen. Eigentlich ist das überraschend, wo wir in unserer modernen Welt doch angeblich so gesund, sicher und fortschrittlich leben wie nie zuvor. Unsere Lebenserwartung steigt stetig dank der Fortschritte in Medizin und Wissenschaft und dank der Fokussierung auf unser allgemeines Wohlbefinden.

Täglich flitzen endlos viele Informationen und Daten rund um den Globus und schaffen uns ganz neue Zugänge und Chancen. Wir haben heute die Möglichkeit, über moderne Technologien jederzeit miteinander in Kontakt zu treten – das hätte man sich in der Antike nicht einmal ansatzweise träumen lassen: Wir telefonieren, schreiben uns Nachrichten und schicken Videos zu alltäglichen Banalitäten hin und her. Wir können uns mit anderen vernetzen, wo und wann immer wir wollen.

Und trotzdem nehmen Sorgen und Ängste nachweislich zu. Und ausgerechnet die junge Generation scheint davon am meisten betroffen zu sein. Hier finden wir alles: von Angststörungen und Panikattacken über Essstörungen und die Glorifizierung des Narzissmus als »Selbstfürsorge« bis hin zu einem steigenden Konsum von verschreibungspflichtigen Medikamenten und Partydrogen. Wir sind völlig durcheinander, weil die Art und Weise, wie wir mit unseren Sorgen und Ängsten umgehen, nicht zu funktionieren scheint.

Fakt ist: Das ist nichts Neues. Die Menschheit hatte schon immer mit Angst zu kämpfen, auch wenn sich die Umstände und die Auslöser für unsere Ängste im Lauf der Zeit verändert haben. Zur Zeit, als Jesus hier auf der Erde lebte, war das auch so. Und es gab auch damals schon dieses kleine Monster namens Sorge, das langsam, aber unerbittlich alles auffrisst, was es zu fassen bekommt.

»Schaut euch die Spatzen an, die geradezu als Symbol für ein sorgloses Leben gelten könnten. Habt ihr nicht das Gefühl, dass Gott sich auch um sie sorgt, obwohl sie sich offensichtlich nicht abmühen, um ihr Dasein zu sichern? Wie viel mehr gilt das für euch, die ihr doch mehr Wert habt als alle Spatzen auf dieser Welt zusammen!

Überlegt selbst: Kann jemand von euch allein dadurch, dass er sich Sorgen macht, sein Leben auch nur um ein paar Jahre verlängern? Ist nicht eher das Gegenteil der Fall? Gott möchte nicht, dass ihr euer Leben durch unnötige Sorgen erschwert oder gar verkürzt. Schaut euch doch einmal den Reichtum Gottes an, mit dem er euch umgibt! Aus der Nähe betrachtet, stellt selbst eine wild wachsende Lilie alles in den Schatten, was Menschen je an Schönheit und Pracht hervorgebracht haben.

Wenn Gott schon dem Äußeren einfacher Blumen so viel Aufmerksamkeit schenkt, Pflanzen, die heute blühen und morgen verwelkt sind, glaubt ihr nicht, dass er dann erst recht auf euch achtgibt und sich um euch sorgt?« (Matthäus 6,26-30).

Das, was Jesus hier sagt, klingt fast zu schön, um wahr zu sein. Und wenn er uns lediglich gesagt hätte: »Macht euch keine Sorgen und habt keine Angst«, dann hätten wir keinen blassen Schimmer, wie wir das umsetzen sollen. Aber Jesus erklärt uns, warum und wie und mit wessen Hilfe wir es schaffen können, unsere Sorgen und Ängste loszulassen.

Gott selbst weiß um unsere Bedürfnisse – er, der voller Fürsorge und Liebe auf seine Schöpfung blickt. Er sieht uns. Deshalb können wir aufhören, uns Sorgen zu machen über die Dinge, die Gott ja bereits im Blick hat. Stattdessen können wir damit anfangen, ihn zu suchen und uns auszustrecken nach seiner Herrschaft, seinem Herzen und den Dingen, die ihm wichtig sind. Denn wenn wir das tun, schenkt uns Gott alles, was wir brauchen. Wenn für uns das wichtig wird, was ihm auf dem Herzen liegt, dann verschwindet unsere Angst. Denn dann spüren wir auch, wie wichtig wir für ihn sind.

Das Mittel gegen Angst ist also ein ganz einfaches, aber leider kein ganz leichtes. Es erfordert Disziplin, um sorgenvolle Gedanken zu bemerken und ihnen dann Gottes Wahrheit entgegenzuhalten. Es braucht Zeit mit Gott, um ihn besser kennenzulernen, ihm mehr zu vertrauen und in der Art von Glauben zu wachsen, der alle Angst überdeckt. Es braucht Zeit, um in der Bibel zu lesen, damit wir das glauben können, was darin steht. Denn nur in Gott und in seinem Wort finden wir den Frieden, nach dem sich unser Geist und unser Herz so sehr sehnen. Nur so werden wir wirklich frei von Angst.

Gebetsfokus

Schütte Gott dein Herz aus und sage ihm, wovor du Angst hast. Du darfst ganz ehrlich zu ihm sein. Danke ihm dann für sein Versprechen, sich um dich zu kümmern, und versuche, ein paar deiner angsterfüllten Gedanken zu ersetzen durch Wahrheiten aus der Bibel.

Die nächsten Schritte

- Wovor hast du Angst und warum?
- Lies Josua 1,9. Gott hat versprochen, sich um dich zu kümmern und bei dir zu sein, wo auch immer du bist. Was macht dieses Versprechen mit deinem ängstlichen Herzen?

- Wie kannst du ganz praktisch angstvolle Gedanken erkennen und sie Gott anvertrauen?

Tag 13

KRITIK

»Das gilt auch für alle Formen der Kritik. Wenn ihr bei einem anderen etwas findet, das ihr meint, unbedingt kritisieren zu müssen, dann erinnert euch daran, wie viel eigentlich an euch selbst auszusetzen wäre. Wenn euch klar geworden ist, dass ihr Tag für Tag vom Erbarmen Gottes und auch anderer Menschen abhängig seid, dann dürft ihr vorsichtig versuchen, einen anderen zu korrigieren.«
Matthäus 7,3-5

Ich (Amanda) habe einen Freund, dessen Leben von der Sünde total ruiniert wurde. Er unternahm nichts dagegen, als es dringend nötig gewesen wäre. Er schien blind für die Sünde und begriff nicht, wie riesig und schrecklich zerstörerisch sie war.

Es war schmerzhaft, dabei zuzusehen, nicht nur, weil er und seine Familie mir wichtig waren und das Ganze letztlich auch meine Familie betraf. Es war auch deshalb schmerzhaft, weil Gott mich immer wieder auf die Bibelstelle in Matthäus 7,3-5 verwies. Ich konnte die Fehler im Leben meines Freundes so gut erkennen. Ich sah, dass er sein Handeln dringend ändern müsste, anstatt es zu rechtfertigen, dass er darüber klagen und sein Verhalten aufrichtig bereuen sollte. Ich sah das Unglück kommen, auf das er mit Vollgas zusteuerte.

Und meine eigene Schuld? Die ist nicht so relevant – zumindest nicht für mich. Also zurück zu meinem Freund …

Während dieser Zeit machte ich es mir zur schlechten Gewohnheit, immer wieder durchzukauen, was ich im Leben meines Freundes wahrnahm. Ständig rief ich mir Szenen ins Gedächtnis, in denen mich sein Verhalten schockiert hatte. Ich brütete über der Frage, wie lange Gott das Ganze noch dulden würde, und ließ zu, dass meine eigenen Wunden zu eitern begannen. Es fiel mir leicht, meinen Freund zu verurteilen, enttäuscht von ihm zu sein und froh darüber, dass ich nicht so war wie er.

Und meine eigene Schuld? – Oh ja, Herr, vergib mir! Aber zurück zu meinem Freund …

Es ist ganz witzig zu sehen, wie schnell wir in unseren Gebeten abschweifen können: Wir beginnen vielleicht damit, unsere eigenen Fehler zu bekennen, springen dann aber ganz schnell zu den Fehlern anderer und enden mit einem vorwurfsvollen: »Gott, siehst du denn nicht, was bei dieser Person alles schiefläuft? Kannst du denn nichts dagegen unternehmen? Lass sie erkennen, was sie alles falsch macht.« Aber so richtig witzig ist das eigentlich nicht. Denn je mehr ich von meiner eigenen Sünde ablenke, desto eher bleibt sie bestehen und wird sogar noch schlimmer.

Sünde hat die Tendenz, sich auszubreiten. Auch wenn wir das gerne anders hätten, lässt sich die Sünde nicht ohne Weiteres in die Ecke drängen. Stolz, Selbstgerechtigkeit, Bitterkeit, Gier, Eitelkeit, Eifersucht, Unsicherheit und Boshaftigkeit – sie alle nehmen zu, wenn wir sie einfach ignorieren oder kleinreden. Das Ergebnis ist alles andere als schön.

»Ihnen erzählte er [Jesus] folgende Geschichte: ›Zwei Männer gingen zum Tempel, um zu beten, der eine von ihnen war ein Pharisäer, der andere ein Zolleintreiber. Der Pharisäer stellte sich ganz nach vorne und betete etwa folgendermaßen: ‚Oh Gott, ich danke dir dafür, dass ich nicht wie andere Leute bin, wie die Räuber, Betrüger, Ehebrecher oder, der Himmel bewahre mich davor, wie dieser Zolleintreiber da hinten. Du weißt ja, dass ich zweimal in der Woche faste und dir von meinem gesamten Einkommen gewissenhaft den Zehnten gebe.‘

Doch auch der Zolleintreiber, der hinten im Tempel stand, betete. Er hielt die Hände vor sein Gesicht und wagte es nicht einmal, aufzuschauen, während er zu Gott sprach: ‚Gott, erbarme dich meiner! Vergib mir, ich bin ein Sünder.‘

Ich sage euch: Als dieser Zolleintreiber, nicht der andere, nach Hause ging, war zwischen ihm und Gott alles in Ordnung. Denn wer sein Vertrauen auf sich und seine Leistung setzt, wird leer ausgehen. Wer aber sein Vertrauen allein auf Gott setzt, weil er eingesehen hat, wie es wirklich um ihn steht, dem wird Gott mit seinem liebevollen Erbarmen begegnen«« (Lukas 18,9-14).

Jesus warnt uns: Wenn wir nicht von unserem hohen Ross herabsteigen, unsere eigenen Fehler vor Gott zugeben und ihn ehrlich um Vergebung bitten, dann werden wir die Folgen tragen müssen.

Mein himmlischer Vater lässt es aber zum Glück nicht zu, dass ich immer nur auf die Fehler von anderen Menschen schaue, stattdessen richtet er meinen Blick immer wieder auf mein eigenes Fehlverhalten. Das tut manchmal weh. Aber Gott ist liebevoll zu uns, daher lässt es sich aushalten. Weil Gott weiß, dass mich die Sünde kaputt macht, will er mich ihr nicht einfach überlassen. In den letzten Monaten hat Gott meine Aufmerksamkeit immer wieder auf meine eigenen Fehler gelenkt.

»Die Güte des HERRN hat kein Ende, sein Erbarmen hört niemals auf, es ist jeden Morgen neu! Groß ist deine Treue, o Herr!« (Klagelieder 3,22-23). Gott ist gut, geduldig und treu. Und mit mir hat er alle Hände voll zu tun.

Die Geschichte meines Freundes kann uns ermahnen. Nicht die Sünde ist das Schlimmste an seiner Geschichte, sondern die Tatsache, dass er sie nicht sehen wollte – so wie auch wir oft die Augen vor unserer eigenen Schuld verschließen. Deshalb sollten wir immer zuerst einen Blick in den Spiegel werfen, bevor wir andere kritisieren.

Gebetsfokus

Bitte Gott darum, dass er dir deine eigenen Fehler immer wieder vor Augen führt. Bitte ihn um Vergebung. Bitte ihn auch darum, dass du andere Menschen nicht mehr verurteilst und dich innerlich über sie stellst. Danke ihm, dass er dich aus der Dunkelheit der Sünde in sein Licht gerufen hat.

Die nächsten Schritte

- Was hält dich davon ab, einen Blick auf deine eigenen Fehler zu werfen?
- Lies Psalm 139,23-24. Was sieht Gott, wenn er in dein Herz schaut? Worauf will er dich hinweisen?
- Den Blick auf seine eigenen Fehler zu lenken ist etwas, das wir immer wieder nötig haben, es ist keine einmalige Sache. Was kannst du ab heute ändern, damit der Fokus in deinem Leben noch mehr auf Jesus liegt?

Tag 14

ETWAS NEUES

»Die Jünger von Johannes und auch die der Pharisäer hielten es für geistlich unverzichtbar, regelmäßig zu fasten. Sie fragten sich, warum dieser Rabbi seine Jünger nicht zu ähnlichen religiösen Übungen anhielt: ›Warum fasten die Jünger von Johannes und die der Pharisäer, deine eigenen Nachfolger aber nicht?‹, fragten sie Jesus eines Tages. Er entgegnete ihnen: ›Wenn ihr eine Hochzeit feiert, werdet ihr doch nicht Trübsal blasen, solange ihr mit dem Bräutigam zusammen seid, oder? Später, wenn der Bräutigam nicht mehr bei euch ist, dann habt ihr nichts mehr zum Feiern. Dann werdet ihr ganz von alleine fasten. Niemand wird ein neues Stück Tuch auf einen alten Arbeitskittel nähen, denn der Flicken würde dem zerschlissenen Stoff nur noch mehr Risse zufügen. Und ihr füllt auch keinen jungen Wein in Weinschläuche, die alt und spröde sind. Sie würden unweigerlich platzen. Nein, jungen Wein muss man in gute, neue Schläuche abfüllen.‹«
Markus 2,18-22

Wiederholen wir das noch mal. Die Pharisäer und ihre Jünger fasteten. Johannes der Täufer und seine Jünger fasteten. Jesus und seine Jünger fasteten nicht. Das machte viele Leute stutzig und sie fragten Jesus: »Warum fastet ihr nicht?« Die Frage war sicherlich ernst gemeint und Jesus muss sie auch so verstanden haben, denn er antwortete gleich mit drei Vergleichen:

- Es gibt eine Zeit fürs Fasten, die ist aber nicht jetzt. Solange eine Hochzeitsfeier noch in vollem Gange ist, gibt es Grund für gute Stimmung, nicht für schlechte.
- Ein altes Kleidungsstück mit neuem Stoff zu flicken, ergibt keinen Sinn. Der neue Flicken würde beim Waschen eingehen oder sich ablösen. Dadurch wird das alte Kleidungsstück also nicht repariert, im Gegenteil, der Riss wird nur noch größer.
- Man füllt keinen neuen Wein in alte Schläuche. Das wäre ein Desaster. Alte Schläuche haben sich bereits bis auf ihr Maximum ausgedehnt. Wenn man sie mit neuem Wein befüllt, der noch gärt und sich ausdehnt, dann platzen die Schläuche, und der ganze Wein wäre vergeudet.

Vermutlich haben die Menschen zur damaligen Zeit diese Vergleiche deutlich besser verstanden, als wir das heute tun. Denn wer flickt schon noch seine Kleidung, baut seinen eigenen Wein an oder fastet regelmäßig? Damit wir diese Antworten von Jesus also richtig einordnen können, müssen wir zuerst verstehen, warum die Menschen damals überhaupt fasteten.

Johannes der Täufer war der letzte Prophet nach dem Alten Bund und predigte die nüchterne Botschaft der »Buße« (Umkehr zu Gott). Er fastete nach alttestamentlichen Bräuchen, was damals als anständig galt und sehr anerkannt war. Einige der Pharisäer, diejenigen, die sich selbst für absolut vollkommen hielten, fasteten nur, um nach außen fromm und rechtschaffen zu wirken. Sie wollten nur Eindruck schinden. Das war alles andere als ehrenhaft. Es war eine fromme Show.

Das waren also zwei unterschiedliche Beweggründe zu fasten, die aus zwei unterschiedlichen Systemen stammten: Die eine Art zu fasten stand in Übereinstimmung mit dem Alten Testament; die andere war menschengemachter, heuchlerischer Schwachsinn. Jesus gehörte zwar weder zu der einen noch zu der anderen Gruppe. Aber er war auch nicht grundsätzlich gegen das Fasten, wie wir wissen. Bevor er seinen Dienst begann, fastete er selbst vierzig Tage lang in der Wüste.

Was Jesus hier eigentlich sagt, ist Folgendes: »Schaut her, es geht nicht darum, was meine Jünger tun oder nicht tun, sei es nun das Fasten oder sonst irgendetwas. Es geht darum, was ich tue. Und ich schaffe etwas Neues. Das Neue, das von mir kommt, passt nicht mit dem Alten zusammen. Also entspannt euch. Meine Jünger werden dann fasten, wenn ich wieder weg bin, aber solange ich hier bin, werden wir gemeinsam essen und feiern, dass ich etwas wunderbar Neues schaffe.«

Dieses wunderbar Neue? Das ist zu hundert Prozent Jesus. Es funktioniert einfach nicht, wenn wir versuchen, einen kleinen Jesus-Flicken auf die alttestamentliche Gesetzlichkeit zu nähen oder seine Liebe in unsere Behälter von Selbstrechtfertigung und religiösem Ehrgeiz zu füllen. Jesus sprengt das Alte. Er bringt das Neue, er ist das Neue. Das Neue, das nur er erschaffen kann, die neue Schöpfung, zu der nur er uns führt.

Gebetsfokus

Bitte Gott, dir zu zeigen, welche Dinge du aus falschen Motiven heraus tust. Bete dafür, dass er dich von sturer Regeleinhaltung und starrer Gesetzlichkeit befreit und dich mit seiner Liebe füllt.

Die nächsten Schritte

- Jesus fastete immer nur privat, nicht in der Öffentlichkeit. Was denkst du, warum er das tat?
- Religiöse Traditionen gibt es immer noch viele. Wird dein Verhalten vorwiegend von frommen Traditionen bestimmt

oder feierst du auch, dass Jesus etwas Neues geschaffen hat?

- Wir können unser altes Leben nicht mit ein bisschen von Jesus mixen. Bei ihm gibt es nur ganz oder gar nicht. Hundert Prozent Jesus! Das macht aus dir einen völlig neuen Menschen. Gibt es Dinge aus deinem alten Leben, die du aufgeben musst, damit du zu hundert Prozent bereit bist für das Neue?

Tag 15

LICHT

»Danach wandte Jesus sich wieder der Menschenmenge zu: ›Ich bin das Licht der Welt. Niemand, der mir nachfolgt, muss in der Dunkelheit herumirren, sondern sein ganzes Leben wird durch mich hell werden.‹«
Johannes 8,12

In der Landschaftsmalerei muss ein Künstler immer zuerst prüfen, aus welcher Richtung das Licht kommt. Die Sonne strahlt die Landschaft an und bestimmt, wohin die Schatten fallen. Wenn man das nicht beachtet, dann wird das ganze Bild nichts. Da muss der Schatten jeder einzelnen Latte eines Gartenzauns akkurat wiedergegeben und jede Reflexion des Lichts berücksichtigt werden. Sonst sieht es nach nichts aus.

Vor diesem Hintergrund könnte man sagen, die Pharisäer waren eine Truppe von stümperhaften religiösen Malern, die ihr spirituelles Landschaftsbild total verkorksten. Sie verbreiteten überall ihre malerischen Schatten, doch dann kam

Jesus und sagte: »Ich bin das Licht der Welt. Niemand, der mir nachfolgt, muss in der Dunkelheit herumirren, sondern sein ganzes Leben wird durch mich hell werden.« Licht war ein immer wiederkehrendes Motiv in der jüdischen Religion und es stand damals für Rettung und Wegweisung. Das Licht von Gottes Gegenwart hatte die Vorfahren der Juden damals aus Ägypten heraus und durch die Wüste geführt. Licht war also keine Bagatelle, sondern etwas Bedeutsames. Jesus beanspruchte jetzt für sich, das einzige Licht zu sein, das Rettung und Wegweisung geben konnte. Aber die Pharisäer – orientierungslos und beratungsresistent, wie sie nun einmal waren – gingen somit gar nicht auf den bahnbrechenden Inhalt dieser Äußerung ein, sondern ritten auf einer Formalie herum.

Jesus hatte ihnen gerade eben verkündet, dass er das Licht der Welt sei, und worüber regten sie sich auf? Dass er niemanden hatte, der das bezeugen konnte, ganz nach dem Motto: »Ja, das behauptest du jetzt, Jesus, aber wer kann das bestätigen? Wer stimmt dir zu? Niemand sonst behauptet, dass du das Licht der Welt bist, also zählt das nicht. Du bist es nicht.« Das ist ungefähr so sinnvoll, wie der Sonne zu sagen, sie brauche jemanden, der bezeugt, dass sie scheint.

Der ganze rhetorische Schwachsinn der Pharisäer basierte auf menschlichem Verständnis, und genau das wollte Jesus auch verdeutlichen. Sie hatten keine Ahnung, mit wem sie da sprachen, geschweige denn, worum es hier ging, denn sie tappten im Dunkeln. *»Dieses Licht strahlte in der Dunkelheit, doch die Dunkelheit hat es nicht angenommen« (Johannes 1,5).* Sie hätten aber nicht länger im Dunkeln tappen müssen, sie hatten eine Wahl. Sie hätten damit aufhören können, ihre religiösen Landschaftsmalereien zu verschandeln, und stattdessen ihr Gemälde neu auf das Licht ausrichten können. Sie hätten Jesus in aller Bescheidenheit und Offenheit zuhören können, anstatt starrsinnig so zu tun, als hätten sie die Weisheit mit Löffeln gefressen. Sie hätten ihr altes Gemälde wegwerfen und ein ganz neues malen können.

Denn das Schöne ist: Wir haben immer die Möglichkeit, ganz neu zu beginnen – jeden Tag! Unser Gott lädt uns ein, aus der Dunkelheit herauszutreten und als Kinder des Lichts zu leben (vgl. Epheser 5,8). Wenn wir das tun, leuchtet Jesus als die Wahrheit vor uns her, und wir antworten darauf mit unserem Leben. Dann werden wir zu den Meisterwerken, die seine Brillanz widerspiegeln.

Gebetsfokus

Danke Gott, dass er dir den Weg zeigt und dich aus der Dunkelheit rettet. Bekenne ihm, wenn du bisher im Dunkeln getappt bist und versucht hast, dein Landschaftsbild nach eigenem Gusto zu gestalten. Lobe ihn dafür, dass er dir jeden Tag einen Neuanfang ermöglicht, und danke ihm für das Privileg, sein Licht in dieser Welt widerspiegeln zu dürfen.

Die nächsten Schritte

- Ist Jesus für dich derjenige, der dir den Weg zeigt? Wie spiegelt sich das in deinem Leben wider?
- Jesus verkündete eine unglaubliche Wahrheit, indem er sagte, er sei das Licht der Welt, doch die Pharisäer konnten das nicht annehmen. Welche Dinge halten dich in deinem Leben davon ab, die Wahrheiten, die Jesus dir zeigen will, zu erkennen und anzunehmen?
- Musst du vielleicht auch erkennen, dass du das Licht der Welt – Jesus – falsch verstanden hast? Wenn ja: Wie kannst du dein bisheriges Gemälde entsorgen und auf einer frischen Leinwand neu beginnen?

Tag 16

ENTHÜLLUNG

»Als sie dann noch hörten, wie der von Dämonen besessene Mann befreit worden war, bekamen sie Angst. So wundert es nicht, dass die immer größer werdende Menschenmenge ihn schließlich drängte, ihr Gebiet zu verlassen. Jesus stieg daraufhin erneut in das Boot. Da bat ihn der Mann, den er von den Dämonen befreit hatte, mit ihm kommen zu dürfen. Aber Jesus schickte ihn zurück und trug ihm auf: ›Geh zu deinen Leuten, und erzähle ihnen, was Gott für dich getan hat.‹ Daraufhin legte das Boot ab und Jesus kehrte mit seinen Jüngern nach Galiläa zurück. Der Mann aber ging nach Hause und begann, im Gebiet der Zehn Städte überall davon zu reden, was Jesus für ihn getan hatte.«
Lukas 8,37-39

Zwei völlig unterschiedliche Reaktionen auf Jesus haben wir hier.

Da war zum einen dieser Mann, der von einer Horde Dämonen besessen war. (Einer ganzen Horde!) Die Dämonen brachten ihn dazu, seine Familie zu verlassen und bei den Gräbern außerhalb der Stadt zu leben. Er lief nackt herum, kreischte aus voller Kehle und war so gewalttätig und wild, dass sich keiner auch nur in seine Nähe traute (vgl. Lukas 8, 26-36). Wie in einem Horrorfilm. Dieser Mann bat Jesus, bei ihm bleiben und mit ihm gehen zu dürfen.

Dann war da die Menschenmenge, die den ehemaligen Besessenen nach seiner Befreiung anscheinend noch mehr fürchtete, als sie es getan hatte, als er noch von Dämonen besessen gewesen war. Sie drängten Jesus zu gehen.

Das klingt erst mal seltsam. Aber wundert uns das wirklich? Denn letztendlich wurde Jesus ja genau von diesen Menschen abgelehnt, verurteilt und gekreuzigt, die all seine Wunder miterlebt hatten, nicht nur dieses eine. Auch heute noch wird Jesus immer wieder von Menschen abgelehnt, ganz egal, wie viele alttestamentliche Verheißungen er erfüllt oder wie viele Menschen von seiner göttlichen Kraft in ihrem Leben berichten. Manche Menschen möchten Jesus absolut nicht in ihrem Leben haben – doch warum? Die einzelnen Gründe sind bei jedem Menschen sicherlich ganz unterschiedlich, aber Jesus lieferte eine übergreifende Erklärung. Und die ist nicht gerade schmeichelhaft:

»Die Menschen richten sich selbst. Denn das Licht, das in diese Welt kam, hat deutlich gezeigt, dass viele Menschen die Finsternis mehr lieben als das Licht, weil das, was sie tun, nicht

ans Licht kommen darf. Jeder, der etwas Unrechtes tut, hasst das Licht und meidet es, wo er kann, damit nur ja nicht herauskommt, was er getan hat« (Johannes 3,19-20).

Es scheint so, als gäbe es unterschiedliche Formen der Angst. Jesus befreite eine ganze Gegend von einem Mann, der Angst und Schrecken verbreitete und der von niemandem gebändigt werden konnte. Und doch bekamen die Menschen auch Angst durch das Wunder, das Jesus getan hatte – weil das Licht von Jesus mehr enthüllt als nur das offensichtlich Schlimmste. Der besessene Mann war nämlich nicht der einzige Mensch mit Problemen und tiefen seelischen Abgründen. Das Wunder, das Jesus an diesem Mann getan hatte, forderte nun eine Reaktion, zu der die Menschen nicht bereit waren. Sie erschraken vor seinem Licht und baten ihn, zu gehen, damit sie ihr lieb gewonnenes Leben in der Dunkelheit fortführen konnten.

Es ist schon auffällig, dass nur die Person unbedingt bei Jesus bleiben wollte, deren inneres Durcheinander Jesus schon in Ordnung gebracht hatte. Dieser Mann hatte nichts mehr zu verstecken und er hatte auch nichts zu verlieren. Gottes Licht enthüllt Dinge, die wir manchmal lieber verstecken würden. Doch wenn wir ins Licht treten – uns auf Jesus einlassen –, dann merken wir schnell, dass das der einzige Ort ist, an dem wir sein wollen. Er sieht, wie verloren wir ohne sein Licht sind, und rettet uns von allem, was uns gefangen nehmen will. Er bringt uns in Sicherheit und macht uns neu und vollständig.

Licht enthüllt erst einmal alles, das stimmt, und das mag nicht immer so angenehm sein. Aber letztendlich verändert es uns zum Guten.

Gebetsfokus

Nimm dir Zeit, um Jesus dafür zu loben, wer er ist, was er getan hat und dass er mit seiner rettenden Kraft immer für dich da ist. Bitte ihn dann um den Mut, dich immer wieder in sein Licht zu stellen.

Die nächsten Schritte

- Welche Bereiche deines Lebens würdest du am liebsten vor Gott verstecken?
- Wie reagierst du auf das Licht von Jesus? Erschrickst du davor? Bist du bereit, die Dinge aufzugeben, die nicht zu Jesus passen? Kannst du zulassen, dass Jesus manchmal unschöne Dinge in dir aufdeckt?
- Wie kannst du dich heute bewusst in sein Licht stellen?

Tag 17

FRAGEN

»Als Jesus in die Runde blickte und die große Menge sah, die sich um ihn drängte, sagte er zu Philippus: ›Wo könnt ihr Brot kaufen, um diesen Leuten hier etwas zu essen zu geben?‹ Natürlich wusste er schon, was er tun würde. Aber er wollte Philippus herausfordern, ihm zu vertrauen.«
Johannes 6,5-6

Manche Menschen sind für Testfragen eher ungeeignet. Sie lernen mehr aus dem, was sie sehen und anfassen können. Philippus war einer von ihnen.

Als Jesus ihn fragte, woher sie genügend zu essen bekommen könnten für die rund fünftausend Menschen, die sich da versammelt hatten, begann Philippus sofort, das Ganze als logistische Herausforderung zu deuten und zu berechnen, wie viele Brote sie brauchten. Er zerbrach sich den Kopf, woher sie auf die Schnelle so viel zu essen herbekommen sollten. Dann sagte er zu Jesus, dass es unmöglich sei, denn es würde sie ein halbes Jahresgehalt kosten, damit jeder wenigstens einen kleinen Bissen zu essen bekäme.

Dabei war Philippus doch nicht erst seit gestern mit Jesus unterwegs. Er hatte schon so viele Wunder gesehen und hätte eigentlich wissen müssen: Wenn Jesus eine Frage stellt, dann nicht deshalb, weil er eine Antwort braucht. Jesus erwartete von Philippus nicht, dass er genau wusste, was Jesus vorhatte. Er wollte Philippus lediglich testen, um zu sehen, ob er Jesus als Option in seine Überlegungen miteinbezog. Er wollte sehen, ob Philippus die Situation rein rational angehen oder sich an Jesus wenden würde.

Jesus weiß genau, wann er uns welche Frage stellen muss, um herauszufinden, wie es wirklich um unseren Glauben steht. Das hier war die optimale Testsituation für Philippus. Wenn Jesus ihn gefragt hätte, wie ein Aussätziger gesund werden könnte oder wie ein Blinder wieder sehen könnte, dann hätte Philippus bestimmt sofort gesagt: »Das kannst nur du tun, Jesus.« Das wäre zu eindeutig gewesen. Jesus wusste, dass er Philippus mit einem scheinbar alltäglichen und doch unlösbaren Problem testen musste. Und das verriet so einiges über Philippus' Glauben.

Viele von uns können Philippus bestimmt gut verstehen. Wir bewundern Jesus für das, was er tun kann, aber in herausfordernden Situationen fällt es uns schwer, ihm zu vertrauen. Wir bleiben lieber auf unserem eigenen Trip: mit unseren menschlichen Möglichkeiten und unserer Logik. Wir sind in dieser Hinsicht oft keinen Deut besser als Philippus. Unsere Gebete geben dann unser mangelndes Vertrauen in Gott wieder und gleichen oft düsteren Berichten aus unserer menschlichen Beurteilung der Sachlage. Unsere Probleme heutzutage sind zwar andere, aber es geht im Prinzip um dasselbe: Vertrauen wir Jesus?

So eine Frage von Jesus ist also ein Test, und dieser Test wiederum ist eine Einladung – eine Einladung, das in den Blick zu nehmen, was Gott tun kann – nicht wir selbst.

Jesus hatte einen Plan. Er wusste bereits, wie er das Problem lösen würde. Er lud Philippus lediglich ein, die Dinge aus einer neuen Perspektive zu sehen, seine eigenen Berechnungen sein zu lassen und abzuwarten, was Jesus tun würde.

Gebetsfokus

Bitte Gott, deinen Glauben und dein Vertrauen in ihn zu stärken, sodass du immer mit ihm rechnest. Lobe ihn dafür, dass er dich immer wieder herausfordert und dich in seine Pläne miteinbeziehen will. Danke ihm, dass er für dich immer wieder scheinbar Unmögliches möglich macht.

Die nächsten Schritte

- Wie ist das bei dir: Neigst du dazu, schwierige Situationen mit rein rationalen Mitteln lösen zu wollen, oder wendest du dich an den, der scheinbar Unmögliches möglich macht?
- Beschreibe eine Situation in deinem Leben, als Gott dich geprüft hat. Wie ging es dir damit und was war das Ergebnis?
- Gott hat einen Plan. Gibt es in deinem Leben momentan eine Situation, in der Gott dich einlädt, ihm zu vertrauen und mit ihm gemeinsam die Lösung zu finden?

Tag 18

ANTWORTEN

»Doch Jesus sah noch eine andere Not. Er rief seine Jünger zu sich und sagte zu ihnen: ›Ich mache mir große Sorgen um diese Menschen. Seit drei Tagen sind sie nun schon bei mir und jetzt haben sie nichts mehr zu essen. Ich kann sie nicht einfach mit leerem Magen wegschicken – es ist doch möglich, dass viele von ihnen auf dem Weg zusammenbrechen.‹ Seine Jünger entgegneten ihm: ›Aber wie willst du denn hier in dieser verlassenen Gegend so viel Brot beschaffen, um eine solche Menge von Leuten halbwegs satt zu bekommen?‹«
Matthäus 15,32-33

Beim ersten Mal war es ja noch verständlich, dass die Jünger versuchten, eine solche Frage von Jesus mit ihrer eigenen Logik zu beantworten. Aber dass sie nichts daraus lernten … Die Jünger scheiterten hier auf der ganzen Linie.

Wieder einmal waren Jesus und seine Freunde in einer verlassenen Gegend mit einer großen Menschenmenge unterwegs, dieses Mal waren es viertausend statt fünftausend. Jesus wollte, dass die Menschen noch etwas zu essen bekämen, bevor er sie nach Hause schickte.

Eigentlich hätte die Situation den Jüngern doch wie ein Déjà-vu vorkommen müssen. Aber dem war offenbar nicht so. Stattdessen stellten sie Jesus dieselbe Frage, die er ihnen zuerst gestellt hatte: »Woher bekommen wir denn jetzt so viel zu essen?« Doch ihre Frage war kein Test, sondern offenbarte einfach ihre Ahnungslosigkeit. Hatten sie denn überhaupt nichts gelernt? Immerhin war das Wunder von der Speisung der fünftausend Menschen ja keine Sache von wenigen Sekunden, sondern ein stundenlanges Ereignis, das sie nun wirklich nicht verpasst haben konnten. Und doch waren sie jetzt wieder in derselben Situation und fragten sich, wie all die Menschen dieses Mal satt werden sollten. Hallo?!

Das wäre eigentlich der richtige Zeitpunkt gewesen, den Jüngern zu sagen, wie lächerlich sie sich verhielten und dass sie sich jetzt endlich zusammenreißen und Jesus vertrauen sollten. Natürlich tat Jesus das nicht. Er sah über ihren Kleinglauben hinweg und fragte sie stattdessen einfach: »Wie viel Brot habt ihr denn noch dabei?« (vgl. Vers 34). Wieder einmal lud er sie ein, alles, was sie hatten, ihm zu überlassen, damit er mehr als genug daraus machen konnte.

Diese Reaktion von Jesus ist noch viel überwältigender als das unfassbar beschränkte Denken der Jünger. Er ließ es zu, dass sie Fehler machten, und zeigte ihnen dann liebevoll: »So macht man das, Jungs. Ihr sollt so reagieren, wie ich es gerade tue.«

Vielleicht ging es bei der Versorgung der viertausend Menschen nicht so sehr um einen weiteren Glaubens- und Vertrauenstest, sondern vielmehr um eine Lektion in Sachen Jüngerschaft. Jesus handelte voller Mitgefühl – nicht nur gegenüber der hungrigen Menschenmenge, sondern auch gegenüber seinen Jüngern. Er wusste, was schon in naher Zukunft auf sie zukommen würde, dass auch sie bald seine Botschaft verkünden und in seinem Namen den Menschen dienen würden. Dazu würden sie – so wie Jesus – eine ganze Menge Mitgefühl brauchen, ein Herz für die Zerbrochenen und Geduld mit denjenigen, die sich schwertun zu glauben. All das würde eine demütige Haltung erfordern, und diese erwächst aus immer wiederkehrendem Versagen. Simon Petrus konnte davon ein Lied singen.

Immer wieder ließ Jesus zu, dass seine Jünger es vermasselten. Durch Wunder wie dieses, bei dem er Tausende von Menschen mit Essen versorgte, brachte er seinen Jüngern nicht nur bei, wem sie vertrauen konnten, sondern auch, wie sie mit unvollkommenen Menschen umgehen sollten, nämlich so, wie Jesus mit ihnen umging. Dadurch konnten sie selbst zu Lehrern werden, die anderen Menschen geduldig beibrachten, Gott im Blick zu behalten und sich auf ihn zu verlassen.

Jesus weiß genau, wann er uns welche Frage stellen muss. Manchmal will er uns prüfen, ein anderes Mal will er uns etwas zeigen. In jedem Fall geht es darum, dass wir ihm alles geben sollen, was wir haben. Ob es um unser Einfühlungsvermögen, unsere Empathie, Geduld, Demut oder unser Vertrauen geht – von all diesen Dingen haben wir nie genug auf Vorrat. Aber genau darum geht es hier: Wenn wir das bisschen, was wir haben und was wir sind, an Jesus übergeben, dann wird er es so vermehren, dass wir am Ende mehr haben werden, als wir brauchen.

Gebetsfokus

Danke Gott für sein Mitgefühl und seine unendliche Geduld. Bitte ihn, dir immer wieder zu zeigen, wie du antworten sollst. Danke ihm, dass er das wenige annimmt, was du hast, und es in seine Fülle umtauscht.

Die nächsten Schritte

- Welche Wiederholungsfehler hat Gott in deinem Leben schon genutzt, um deinen Blick auf ihn zu lenken?
- Wie hat er dir durch seine Antworten gezeigt, dass er mit dir fühlt?

- Inwiefern haben dir die Erfahrungen, die du mit Jesus gemacht hast, geholfen, noch mehr für andere Menschen da zu sein?

Tag 19

NACHFOLGE

»Jesus entgegnete: ›Ich bin das Brot des Lebens. Wer zu mir kommt, der wird nicht mehr hungern, und wer sein Vertrauen auf mich setzt, wird auch keinen Durst mehr haben.‹«
Johannes 6,35

Reporter: Die Behauptung von Jesus, das Brot des Lebens zu sein, polarisiert die Gegend zunehmend. Das überrascht nicht, schließlich hat seine Aussage den Hohen Rat sehr verärgert. Die Frage, wer dieser Jesus ist und was es bedeutet, mit ihm zu leben, spaltet ganze Familien. Bei uns ist jetzt eine Frau, die mit Jesus unterwegs ist und die uns einen Einblick aus erster Hand geben kann. Danke, dass Sie heute dabei sind. Fangen wir ganz vorne an. Das erste Mal, als Sie Jesus predigen gehört haben, war in der Nähe der Stadt Bethsaida – und zwar genau einen Tag vor seiner berüchtigten Aussage über das Brot des Lebens, richtig?

Frau: Das ist richtig. Mein Mann und ich dachten, wir würden nur mal kurz zuhören, was dieser Wanderprediger so erzählt. Aber dann waren wir so fasziniert von dem, was Jesus sagte, dass wir den ganzen Tag dablieben. Es war schon spät geworden und wir hatten Hunger, aber wir wollten beide nicht nach Hause gehen.

Reporter: Dann vermehrte Jesus Brot und Fisch, korrekt?

Frau: Ja, so etwas hatten wir noch nie gesehen. Alle Leute aßen, bis sie satt waren. Ich sah meinen Mann an und sagte: Das ist der Prophet, auf den wir alle gewartet haben.

Reporter: War Ihr Mann Ihrer Meinung?

Frau: Zu diesem Zeitpunkt schon noch, ja. Er stellte sich sogar auf die Seite der Leute, die Jesus dazu überreden wollten, unser neuer König zu werden. Doch am nächsten Tag änderte mein Mann leider seine Meinung.

Reporter: Ich habe viele begeisterte Berichte über dieses Wunder gehört. Wahnsinn, dass jetzt die Aussage über das Brot des Lebens dieses Wunder so in den Schatten stellt. Was ist da genau passiert?

Frau: Am nächsten Morgen fanden wir Jesus am anderen Ufer des Sees. Dort hatte sich schon eine große Menschenmenge versammelt, und sie stellten ihm Fragen. Er begann, darüber zu sprechen, dass sie vergängliches Essen haben wollten anstatt Nahrung, die ewig satt hält.

Reporter: Vermutete Jesus, dass die Menschen ihm nur deshalb folgten, weil sie mehr Brot von ihm haben wollten?

Frau: Ja, und es war auch so. Die Menge war enttäuscht, als er sich weigerte, noch einmal Brot zu vermehren. Als er dann auch noch sagte, er sei das Brot, das vom Himmel herabgekommen war, schimpften sie.

Reporter: Sie nicht?

Frau: Nein, mir ging es nicht um das Essen. Ich war hungrig nach dem, was er sagte. Mein Herz klopfte wie wild, wenn er redete, so als ob mich etwas Starkes zu ihm ziehen würde. Irgendwann fragte jemand: »Was müssen wir denn tun, um bei Gott Anerkennung zu finden?« Jesus antwortete: »Eine Sache würde völlig ausreichen, damit Gott euch voll und ganz annimmt: Vertraut dem, den er gesandt hat!« (vgl. Johannes 6, 28-29). Da jubelte ich innerlich. Denn ich glaube an ihn.

Reporter: Sie glauben also, dass er der Sohn Gottes ist? Und dass er das Brot des Lebens ist?

Frau: Ja, das glaube ich. Er erklärte, dass alle, die glauben und vom Brot des Lebens essen, ewig leben werden. Das Brot ist sein Fleisch, das er uns geben wird, damit die Welt lebt (vgl. Johannes 6,51).

Reporter: Und Sie haben sich davon nicht abgestoßen gefühlt? Ich schätze, dass die meisten Leute diese Behauptung schockierend fanden.

Frau: Wenn man sie wörtlich nimmt, ja. Ich weiß, das klingt alles ein bisschen seltsam, aber es ist eigentlich ganz einfach zu verstehen. Ich entscheide mich dafür zu glauben, dass Jesus vom Himmel auf diese Erde gekommen ist, um uns zu versorgen und uns das ewige Leben zu geben.

Reporter: Ihr Mann sieht das nicht so. Wie geht es ihm mit Ihrer Entscheidung? Und wie könnte sich das auf Ihre Beziehung auswirken?

Frau: Er ist hauptsächlich besorgt. Aber es freut mich, dass ihm das Thema nicht egal ist. Denn früher oder später wird die Wahrheit ans Licht kommen. Unserer Beziehung geht es so weit gut. Ich weiß, dass das hier noch lange nicht vorbei ist.

Gebetsfokus

Nimm dir Zeit, um für diejenigen zu beten, die Gott nicht kennen. Bitte Gott um Möglichkeiten, damit du anderen von ihm erzählen kannst.

Die nächsten Schritte

- Gab es einen bestimmten Moment in deinem Leben, als du plötzlich wusstest, dass Jesus der ist, der er behauptet zu sein? Beschreibe diesen Moment.
- Einige Aussagen von Jesus spalteten die Menge, die mit ihm unterwegs war, in (a) Fans seiner Wunder und (b) echte Nachfolger. Was sind die jeweiligen Merkmale dieser zwei Gruppen? Und wozu zählst du dich?
- Lies 1. Johannes 5,20. Über welche Eigenschaften von Jesus möchtest du noch mehr wissen, damit du ihn noch besser verstehen und kennenlernen kannst?

Tag 20

WAHRHEIT

»Aber Jesus forderte sie noch mehr heraus: ›Es ist die reine Wahrheit: Wenn ihr das Fleisch des Menschensohnes nicht esst und sein Blut nicht trinkt, werdet ihr auch kein Leben in euch haben.‹ Die Reaktion darauf war entsprechend. Viele seiner Jünger hatten diese Worte gehört und empörten sich: ›Jetzt ist er zu weit gegangen. Wer kann sich so etwas anhören?‹«
Johannes 6,53.60-61

Reporter: Ich habe vorhin mit Ihrer Frau über Ihre Begegnung mit Jesus gesprochen. Sie wird weiterhin mit ihm gehen, aber Sie haben entschieden, ihm nicht mehr nachzufolgen. Warum?

Mann: Zuerst habe ich ihm geglaubt und gehofft, dass wir jetzt endlich von der römischen Besatzung befreit werden würden. Meine Frau sagte: »Das ist der Prophet, auf den wir alle gewartet haben«, und ich stimmte ihr zu, vor allem, nachdem er die riesige Menschenmenge mit so viel Essen versorgt hatte.

Reporter: Sie geben also zu, dass das ein Wunder gewesen sein muss?

Mann: Definitiv. Wir haben es selbst gesehen. Deshalb sind wir ihm auch auf die andere Seite des Sees gefolgt.

Reporter: Es gibt Gerüchte, die sagen, dass der Pharisäer Nikodemus überzeugt davon ist, dass Jesus von Gott geschickt wurde; seine Wunder würden das bezeugen. Was sagen Sie dazu?

Mann: Ich halte nichts von Gerüchten.

Reporter: Das ist schön und gut, aber fragen Sie sich nicht, was der Zweck dieser Wunder ist und warum Jesus so provokante Behauptungen aufstellt?

Mann: Ich kann nichts sagen zum Warum und Wieso. Aber ich weiß, dass wir einen richtigen König brauchen, keinen Schwätzer, der von himmlischem Brot und dem Königreich aus einer anderen Welt faselt. Unsere Leute leiden hier und jetzt. Viele haben nicht genug zu essen, und was ist seine Antwort darauf? Man soll ihn essen!? Das ist geschmacklos.

Reporter: Ist das der Grund, warum Sie sich von ihm abgewandt haben – seine Aussagen darüber, dass man von seinem Fleisch essen muss?

Mann: Ja, das war der Auslöser. Mir wurde das alles zu bunt. Jesus fragte dann noch, ob wir uns jetzt angegriffen fühlten.

Reporter: Sie haben sich offensichtlich angegriffen gefühlt, oder?

Mann: Das, was Jesus sagt, ist lächerlich und widerspricht dem, was im Gesetz des Mose steht. Ich kann nicht fassen, dass meine Frau ihm immer noch nachläuft. Ich kann nichts von alldem glauben, ehrlich, und ich will es auch nicht.

Reporter: Das ist ja interessant, besonders Ihre Wortwahl. Denn soweit ich mitbekommen habe, hat Jesus gesagt, dass es das Einzige sei, was wir tun sollen – ihm glauben. Er sagte: »Eine Sache würde völlig ausreichen, damit Gott euch voll und ganz annimmt: Vertraut dem, den er gesandt hat!« (vgl. Johannes 6,28-29).

Mann: Ich werde nicht an ihn glauben, ganz egal, wie viele Wunder er noch tut. Ich mache mir nur Sorgen um meine Frau. Aber die Wahrheit wird sich am Ende durchsetzen, darauf können wir uns verlassen.

Reporter: Darin sind sich zurzeit alle einig, scheint mir. Das hier ist wohl noch lange nicht vorbei.

Gebetsfokus

Danke Gott, dass er uns auch unangenehme Wahrheiten zumutet. Bitte ihn um ein tieferes Verständnis von Bibelstellen, die dich verunsichern oder die dir erst mal nicht passen. Lobe ihn dafür, dass er sich nicht in Schubladen packen lässt und immer wieder deine Vorstellung davon, wer er ist, sprengt.

Die nächsten Schritte

- Nimm dir Zeit, um das gesamte 6. Kapitel des Johannesevangeliums zu lesen. Welche Verse stechen für dich heraus und warum?
- Was glaubst du: Warum taten sich so viele Menschen so schwer mit dem, was Jesus hier sagte?
- Jesus bezeichnet sich selbst als Brot des Lebens und sagt, wir sollen von ihm essen. Beschreibe mit deinen eigenen Worten, was er damit meint.

Tag 21

DEMUT

»Er war kaum in dem Haus, als eine Frau, Mutter eines schwer belasteten Mädchens, kam, zu seinen Füßen niederkniete und ihn um seine Hilfe anflehte. Die Frau war Griechin, eine Syro-Phönizierin von Geburt. Sie bat ihn, ihre Tochter von bösen Geistern zu befreien. Jesus entgegnete ihr: ›Gute Frau, versteh doch, dass ich mich um die Notleidenden meines Volkes kümmern muss. Wenn ich dir jetzt helfen würde, wäre das für uns Juden geradeso, als würden wir den Kindern das Brot vom Tisch nehmen und es den Hunden vorwerfen.‹ Aber die Frau ließ nicht locker: ›Natürlich, Meister. Aber bekommen die Hunde unter dem Tisch nicht immer wieder Brocken von den Kindern zugesteckt?‹ Jesus war beeindruckt. ›Du hast völlig recht. Geh ruhig nach Hause. Deine Tochter ist frei. Diese dämonische Quälerei hat ein Ende.‹ Sie ging nach Hause und fand dort ihre Tochter, die entspannt auf ihrem Bett lag – die Plage war verschwunden und das Mädchen wohlauf.«
Markus 7,25-30

Manchmal verstehen wir historische Ereignisse falsch. Wir müssen sie im Kontext der damaligen Zeit betrachten, um sie richtig verstehen zu können. Das ist wichtig, auch hier, denn ansonsten wäre es absolut schockierend zu hören, wie Jesus eine Frau mit einem Hund vergleicht.

Also, sehen wir uns den Kontext genauer an: Die Neuigkeiten von Jesus hatten sich in Windeseile in der gesamten Gegend verbreitet, offensichtlich sogar bis nach Phönizien, eine römische Provinz in Syrien, auch bekannt unter dem Namen Kanaan. Eine nicht jüdische Frau hatte mitbekommen, dass Jesus in der Nähe war. Sie suchte ihn auf, fiel vor ihm auf die Knie und bat um Heilung für ihre Tochter.

Das ist eine Szene, die sich so oder so ähnlich immer wieder in den Evangelien abspielt: Verzweifelte Eltern kommen mit verzweifelten Bitten zu Jesus, und Jesus antwortet darauf, indem er ihre kranken Kinder heilt, genau wie in dieser Geschichte – mit dem Unterschied, dass dieses Gespräch an manchen Stellen einen scheinbar rauen, unfreundlichen Umgangston aufweist.

Scheinbar. Denn: Das Volk Israel war Gottes auserwähltes Volk. Gott hat sich über Jahrtausende immer wieder seinem Volk gezeigt – in seiner endlosen Liebe, seiner Geduld, seiner Macht und seiner Gnade. Immer und immer wieder bot ihnen der König des Universums Vergebung und eine innige Beziehung zu ihm an, wenn sie bereit dazu wären, nicht auf ihre eigene Unabhängigkeit zu setzen, sondern sich Gott anzuvertrauen. Das Alte Testament erzählt diese Geschichte: die Geschichte von Gott, der kontinuierlich seinem Volk Israel nachgeht – einem Volk, das immer wieder gegen seine Liebe und seine Gesetze rebelliert.

Und jetzt geht es um diese Frau, die wahrscheinlich nur wenig über den Gott der Juden wusste – aber sie hatte von Jesus gehört. Deshalb bat sie ihn um Hilfe – nicht aufgrund der Tatsache, wer sie war, sondern aufgrund der Tatsache, wer er war. Sie diskutierte nicht mit Jesus, als er ihr sagte, dass sie gegenüber den Juden im Moment einen geringeren Stand hatte. Sie fühlte sich nicht so angegriffen, wie wir es an ihrer Stelle wahrscheinlich getan hätten. Sie war einfach nur überzeugt davon, dass Jesus ihr helfen konnte. Und das tat er. Er war bereit dazu, ihr zu helfen, weil er ihren Glauben sah und die Tatsache, dass sie sich nicht von ihm wegschicken ließ. Sicher war das keine leichte Situation für die Frau, doch sie bestand diese Prüfung mit viel Demut.

Ihre Einstellung sollten wir uns vielleicht auch öfter zu eigen machen – gegenüber diesem heiligen Gott. Wir sollten uns bewusst machen, dass er uns nichts schuldet und dass wir uns bei ihm nichts verdienen können. Es mag sein, dass uns der Vergleich mit den Hunden nicht gefällt, aber Gott gegenüber stehen wir alle noch viel tiefer als Hunde im Vergleich zu Menschen. Unsere Abwehrhaltung entstammt wahrscheinlich einer ähnlichen geistlichen Arroganz wie die der Pharisäer damals. So wie sie denken auch wir oft, wir seien besser, als wir es in Wirklichkeit sind. Und wir bilden uns ein, mehr verdient zu haben. So wie ihnen fehlt auch uns oft die demütige Haltung, die für eine echte Umkehr zu Gott notwendig ist.

Diese Geschichte ist Teil der großen Geschichte, die Gott erzählt – von der Schöpfung über Jesus bis hin zu seiner Rückkehr, die noch aussteht. Die Rettung war zwar zuerst für die Juden gedacht, aber durch Jesus auch für alle anderen. Das war kurz bevor Jesus von seinem eigenen Volk getötet wurde, weil sie nicht glaubten, dass er ihre Rettung war. Nach seiner Auferstehung und nach seiner Rückkehr in den Himmel wurden seine Anhänger losgeschickt, um die Botschaft von der Rettung allen Menschen zu bringen, die bereit waren, Jesus so zu vertrauen wie die Mutter in dieser Geschichte.

Gebetsfokus

Bete mit Ausdauer, auch wenn du manchmal vielleicht das Gefühl hast, dass Gott sich nicht dafür interessiert. Bitte ihn um mehr Demut. Aber Achtung: Er wird sie dir womöglich schenken. Und deshalb braucht eine solche Bitte echt viel Mut.

Die nächsten Schritte

- Was war deine spontane Reaktion auf die Art, wie Jesus mit dieser Frau umging? Warum?
- Viele von uns empfinden die Aussagen von Jesus als provokant. Doch lies, was Römer 6,23 darüber sagt, was wir eigentlich verdient hätten.
- Wenn wir bedenken, dass Gott uns absolut nichts schuldet und wir uns nichts bei ihm verdienen können, welche Rolle sollte dann Demut bei den folgenden drei Dingen spielen:
  (1) bei unserer Haltung gegenüber ihm, dem heiligen Gott,
  (2) bei unserer Dankbarkeit,
  (3) bei unserem Umgang mit anderen Menschen?

Tag 22

UNVERDIENT

»Da kamen einige Älteste der örtlichen Synagoge mit einem ungewöhnlichen Anliegen zu ihm. Im Ort gab es einen römischen Offizier, dessen Diener im Sterben lag. Ihm lag sehr viel an diesem Mann, weshalb er einige Leiter der jüdischen Gemeinde gebeten hatte, Jesus um seine Hilfe zu bitten. Sie kamen zu Jesus und drängten ihn, doch etwas zu tun.«
Lukas 7,2-3

Jesus machte viele Menschen wieder gesund, auch wenn keiner von ihnen das verdiente. Egal, was wir tun und wie gut wir uns auch verhalten, niemand hat ein Recht auf Gesundheit oder auf irgendetwas anderes. In dieser Geschichte versuchten die Menschen Jesus zu überreden, den kranken Diener zu heilen, indem sie betonten, was für ein guter Mann dieser römische Offizier war. Sie sagten: *»Er hat es verdient. Er liebt unser Volk. Er hat sogar unsere Synagoge errichten lassen«* (Lukas 7,4-5).

Ihrer Auffassung nach ergab das Sinn, denn ihre ganze Religion basierte auf einem Leistungssystem. Warum also nicht solch eine Forderung an einen Rabbi stellen? Obwohl der römische Offizier selbst kein Jude war, betonten die Ältesten, dass er ein guter Mann sei, der Gottes Willen tat, und dass er deshalb Hilfe verdient habe. Die jüdischen Ältesten drängten Jesus sogar, etwas zu tun. Der römische Offizier muss ihnen also wirklich wichtig gewesen sein. Sie nahmen die vorsichtige Bitte des Offiziers so ernst, dass sie sich Jesus gegenüber voll dafür einsetzten und ihn anflehten, diesem Mann zu helfen. Und Jesus ging darauf ein. Er erklärte sich dazu bereit, zum Haus des Offiziers mitzukommen, sicherlich sehr zur Freude der Ältesten.

Auf dem Weg kamen ihnen ein paar Freunde des Offiziers entgegen, die eine Nachricht von ihm überbrachten. Jesus war verblüfft und begeistert. Er sagte, er habe in ganz Israel noch nirgends solch ein Vertrauen gefunden. Und das sagte er nicht, um dem Offizier ein Kompliment zu machen. Dieser war nämlich gar nicht da. Jesus sagte es, damit die Leute um ihn herum es hörten – vor allem auch die jüdischen Ältesten. Er sagte den Männern, die ihr ganzes Leben Gott gewidmet hatten, dass dieser ungläubige Nichtjude es besser machte als sie alle. Nicht gerade schmeichelhaft für die Ältesten …

Tja, hier endet der biblische Bericht über dieses Ereignis leider. Wir wissen also nicht, wie die jüdischen Ältesten darauf reagierten. Vielleicht begriffen sie ganz demütig, was Jesus meinte, und änderten ihre Einstellung. Oder sie fühlten sich angegriffen von ihm und hassten ihn dafür. Historisch gesehen wird es wohl eher Letzteres gewesen sein, aber wir wollen mal beide Optionen offenlassen …

Jedenfalls können wir etwas lernen von dem Verhalten, das die Ältesten anfangs an den Tag legten, als sie irrtümlicherweise glaubten, dass man sich durch gute Taten etwas bei Gott verdienen kann.

Wenn es ums Verdienen im Zusammenhang mit dem Glauben geht, wird die Sache kompliziert. Wenn der Offizier bekommen hätte, was er wirklich verdiente, dann wäre das nichts anderes als der Tod gewesen – dasselbe gilt für die jüdischen Ältesten, die Jünger, Maria Magdalena und jeden anderen Menschen auf diesem Planeten, einschließlich dir und mir. Das, was wir alle verdienen würden, ist, für immer von Gott getrennt zu sein. Glücklicherweise gibt Gott uns aber nicht, was wir verdient hätten, und rechnet uns unsere Fehler nicht an (vgl. Psalm 103,10). Was wir stattdessen bekommen, ist die schier unfassbare Gnade Gottes: Er lässt uns nicht nur am Leben, er erlaubt uns sogar, ihm unsere Wünsche und Bitten zu bringen.

Doch dann pfuscht unsere menschliche Natur schon wieder dazwischen, und unsere gerade noch so demütige Haltung wandelt sich schnell wieder in falschen Stolz. Wir bilden uns vielleicht ein, »bessere Christen« zu sein, weil wir zum Beispiel regelmäßig Zeit im Gebet oder mit Bibellesen verbringen, viel Geld spenden, sonntags den Gottesdienst besuchen, Ehrenämter ausüben oder wöchentlich zu einem Bibelkreis gehen. Unser Leistungssystem fühlt sich richtig an und gibt uns Sicherheit, und so hoffen wir, dass Jesus uns begünstigt.

Doch das ist absolut selbstgerecht, und Jesus findet es ziemlich ätzend. Stattdessen sollten wir uns ein Beispiel an dem römischen Offizier nehmen und Jesus in aller Bescheidenheit um Hilfe bitten. Denn Jesus hat längst bewiesen, dass er uns völlig unverdient hilft, so wie er es damals bei dem Offizier getan hat. Nicht, was wir tun können, sondern was Jesus am Kreuz getan hat, das allein rettet uns, macht uns gesund und innerlich heil. Völlig unverdient!

Gebetsfokus

Bitte Gott darum, dass er bei dir selbstgerechte Denkweisen aufdeckt und dir hilft, keine geistlichen Ansprüche zu erheben. Danke Gott, dass er dir nicht das gibt, was du verdienst, sondern seine bedingungslose Liebe und Gnade.

Die nächsten Schritte

- Passiert es dir manchmal, dass du Jesus Dinge aufzählst, aufgrund derer er dir helfen sollte?
- Fällt es dir schwer zu akzeptieren, dass Gott unsere frommen Taten nicht braucht und sie in Bezug auf seine Gnade sogar nutzlos sind? Warum oder warum nicht?
- Gott fordert uns dazu auf, seine Gnade selbstbewusst anzunehmen, aber ohne dabei überheblich zu sein. Beschreibe den Unterschied.

Tag 23

WUNDERBARER JESUS

»Jesus ging mit ihnen. Als sie nicht mehr weit vom Haus des Offiziers entfernt waren, schickte dieser einige Freunde zu ihm, die ihm ausrichten sollten: ›Meister, Ihr müsst euch nicht die Mühe machen, weiterzugehen, denn ich bin in keiner Weise würdig, dass Ihr persönlich in mein Haus kommt. Ihr braucht doch nur den Befehl zu geben und meinem Diener wird es wieder gut gehen. Ich selbst unterstehe höherem Befehl und gebe anderen Befehle. Ich sage zu einem Soldaten: ‚Geh' und er geht, zu einem anderen: ‚Komm', und er kommt. Zu meinem Diener sage ich: ‚Tu das', und er tut es.‹ Jesus war völlig überrascht. Sofort wandte er sich an die Menge, die ihn begleitete: ›Einem solchen Vertrauen bin ich in ganz Israel nicht begegnet.‹«
Lukas 7,6-9

Reporter: Fesselnde Geschichten sind voller Drama und Spannung, so war das ja auch bei Ihrer Geschichte. Erzählen Sie doch bitte noch mal ausführlich. Also, einer Ihrer Diener, der Ihnen sehr am Herzen liegt, war krank und lag bereits im Sterben …

Offizier: Genau. Deshalb wollte ich Jesus rufen lassen. Wie vermutlich alle in Kapernaum hatte auch ich von seinen Wundern gehört: das Weinwunder auf der Hochzeit und die Heilung des Sohnes eines königlichen Beamten.

Reporter: Okay. Sie schickten also nach Jesus – und das, obwohl Sie kein Jude sind, sondern Römer, noch dazu als Offizier ein wichtiges Zahnrad in der römischen Besatzungsmaschinerie.

Offizier: Ja, es ist mein Job, Cäsars Herrschaft über die Juden durchzusetzen. Aber man muss nicht gewalttätig sein, um dies mit Erfolg zu tun.

Reporter: Das mag sein, aber Sie sind trotz allem einer von denen, die die Juden unterdrücken. Und nun bitten Sie ausgerechnet einen jüdischen Rabbi um einen Gefallen. Haben Sie deshalb ein paar der jüdischen Ältesten vorgeschickt?

Offizier: Ich schickte sie, weil ich weiß, dass ich es nicht verdiene, in der Gegenwart von diesem wunderbaren Jesus zu sein.

Reporter: Einen demütigen Offizier, gibt es so etwas überhaupt? … Jesus stimmte also zu, Ihrem Diener zu helfen. Sie sahen, wie er sich Ihrem Haus näherte und schickten Ihre Diener los, um ihn abzufangen. Warum das?

Offizier: Ich wusste, dass es eine Zumutung für ihn wäre, in das Haus eines Heiden zu gehen. Und ich fühlte mich unwürdig, ihn in meinem Haus zu empfangen.

Reporter: Sie sind der Befehlshaber über fast hundert Männer. Hinsichtlich dieser Position und Macht klingt das, was Sie da sagen, wirklich seltsam, das verstehen Sie doch bestimmt ...

Offizier: Meine Macht ist nichts im Vergleich zu seiner. Ich befehlige ein paar Soldaten, er befehligt die ganze Welt, setzt sogar Naturgesetze außer Kraft. Wenn ich unabhängig von meinem Standort Befehle erteilen kann und sie von meinen Soldaten befolgt werden, dann muss es für ihn ein Leichtes sein, eine Krankheit zu heilen, egal, wo er sich befindet.

Reporter: Sie klingen sehr überzeugt – als ob keine Beweise nötig wären.

Offizier: Jesus hat sich mehr als einmal bewiesen. Ich bin erstaunt darüber, dass so viele der jüdischen »Experten« ihm nicht glauben.

Reporter: Da haben Sie recht. Denken Sie, Jesus war mehr über Ihr Vertrauen erstaunt oder über den mangelnden Glauben unter den Juden?

Offizier: Ich respektiere das jüdische Volk und bin fasziniert von ihrem Gott. Aber es scheint mir nutzlos und sinnlos zu sein, so zu tun, als sei ich ein perfekter Mensch. Vielleicht habe ich in dieser Hinsicht einen Vorteil gegenüber den meisten Juden. Ich weiß, dass ich ihrem Gott nichts zu bieten habe. So blieb mir gar nichts anderes übrig, als in aller Demut Jesus um Hilfe anzuflehen.

Reporter: Glauben Sie, dass Jesus deshalb Ihren Diener geheilt hat?

Offizier: Ich fühle mich sehr geehrt, dass Jesus meinen Glauben so gelobt hat. Aber ich denke, geheilt hat er meinen Diener, weil er einfach Jesus ist.

Gebetsfokus

Danke Gott, dass er antwortet, wenn wir ihn um Hilfe bitten. Bitte ihn um so ein tiefes Vertrauen in ihn, wie der römische Offizier es hatte. Lobe ihn für seine große Macht und für sein Mitgefühl mit uns.

Die nächsten Schritte

- Wenn du dringend Hilfe benötigst, an wen wendest du dich in der Regel zuerst? (Bitte nur ehrliche Antworten!)
- Wie steht es um deinen Glauben verglichen mit dem des Offiziers? Hast du auch dieses Vertrauen, von dem Jesus so beeindruckt war?
- Beschreibe eine Situation, in der Jesus dir begegnet ist, nachdem du ihn demütig darum gebeten hast.

BITTE!

Manche Stellen in der Bibel sind schwerer zu verstehen als andere, besonders die, bei denen es darum geht, Gott um etwas zu bitten. Für dich und auch für uns selbst haben wir uns durch die Themen der folgenden Kapitel regelrecht durchgekämpft. Wir haben gebetet und gerungen. Vielleicht wirken die nächsten Kapitel deshalb manchmal etwas schräg. Sie sind durchwoben von unserem eigenen Schmerz und unserer eigenen Verunsicherung, denn wir hoffen, dass wir dadurch besser verstehen, akzeptieren und schätzen können, was Jesus seinen Freunden über das Bitten beigebracht hat.

Die ersten beiden Kapitel hat Amanda geschrieben. Dann kommen zwei Kapitel von Kristen. Dallas hat jeweils geholfen. Aber die Geschichten betreffen uns alle gleichermaßen.

Also, schnall dich an! Es könnte etwas holprig werden …

Tag 24

BITTEN UND GOTT BEKOMMEN

»Habt Vertrauen! Wenn ihr Gott um etwas bittet, sagt ihm mit einfachen Worten, was ihr nötig braucht. Er weiß, wie er euren Bitten und Fragen am besten begegnet. Nehmt zum Vergleich eine normale Familie. Wenn eure Kinder euch als Eltern um Brot bitten, werdet ihr ihnen dann einen Stein in den Mund schieben? Oder wenn sie euch um einen Fisch bitten, werdet ihr ihnen dann Angst einjagen, indem ihr ihnen einen gefährlichen Skorpion vorsetzt? Selbst bei all eurer Neigung zur Bosheit: Ihr würdet nicht einmal im Traum an so etwas denken. Kurz gesagt: Ihr verhaltet euch gegenüber euren Kindern wie normale Eltern. Meint ihr nicht, dass Gott, der euch aus Liebe erschaffen hat, nicht doch noch um ein Vielfaches besser ist als ihr?«
Matthäus 7,7-11

Ich (Amanda) tue mich mit dieser Bibelstelle wirklich schwer. Denn ehrlich gesagt bekommen wir nicht immer das, worum wir Gott bitten. Während ich das hier schreibe, warte ich auf den zwölften Handwerker in weniger als einem Jahr. Unsere beiden Autos waren ebenfalls im letzten Jahr unzählige Male in der Autowerkstatt und müssen schon wieder repariert werden. Mit den Kindern waren wir in den vergangenen Monaten so oft in der Notaufnahme, und viele Rechnungen, die ins Haus flattern, sind überfällig. Unser erstes Kind ist schon zum Studieren am College, die anderen drei sind auch bald mit der Schule fertig. Es ist schon eine finanzielle Herausforderung, all die Kreditkartenrechnungen zu begleichen. Da auch noch Geld für enorm hohe Studiengebühren für jedes Kind beiseitezulegen, scheint oft unmöglich. Dabei ist Geld nicht mal das größte Problem, mit dem wir uns herumschlagen. Viel belastender sind zum Beispiel die bedenklichen Diagnosen, die bei unseren Kindern neulich gestellt wurden. Und hier heißt es nun: »Bittet und Gott wird es euch geben« … Hm.

Ich kann euch versichern: Ich habe gebeten. Versteht mich nicht falsch, ich weiß, wie lächerlich meine Sorgen klingen im Vergleich zu den Problemen, die die Menschen zur Zeit Jesu hatten. Und ich muss nicht einmal so weit zurückgehen, denn auch heutzutage gibt es genügend Menschen, denen es deutlich schlechter geht als mir. Das ändert aber nichts daran, dass ich diese Bibelstelle nicht mag, denn ich kann sie nicht ganz verstehen. Deshalb umgehe ich sie gern.

Es ist interessant, über wie unterschiedliche Themen Jesus in den Kapiteln 5–7 des Matthäusevangeliums spricht. Sie gipfeln in dieser leicht missverständlichen Passage. Damit die Menschen besser verstehen können, was er meint, vergleicht Jesus hier Gottes Verhalten mit dem von Eltern, die ihrem Kind das geben, was es braucht. Die meisten Eltern kümmern sich schließlich gut um ihre Kinder und reagieren auf deren Bedürfnisse mit Liebe, Weisheit und Großzügigkeit.

Hier sollten wir beachten, dass gute Eltern ihren Kindern nicht immer geben, was sie erbitten, nämlich immer dann nicht, wenn es etwas ist, das ihnen nicht guttut. Genau wie Kinder wollen auch wir Erwachsene oft Dinge, die nicht gut für uns sind. Aber liebende Eltern sagen eben nicht nur »Ja«, sondern auch »Nein« oder zumindest »Jetzt nicht«. Eltern, die ständig »Ja« sagen, tun ihren Kindern absolut keinen Gefallen. Es ist also berechtigt, dass Gott, unser liebender, weiser und allwissender himmlischer Vater, nicht zu allem »Ja« sagt, worum wir ihn bitten.

Aber trotzdem behauptet Jesus ja, dass wir ihn um alles bitten dürfen und dass er sich darum kümmern wird. Was bedeutet das also?

Die Antwort wird in den Versen deutlicher, die direkt nach dieser Bibelstelle kommen:

»Wenn ihr all das bedenkt, werdet ihr zustimmen, dass der Weg mit Gott schmal ist und man ihn deshalb sehr gut im Auge behalten muss. Das ist umso wichtiger, weil um euch herum alle möglichen »Heilswege« angeboten werden, die – gemessen

an dem Weg zum Leben – wie breite, sichere Straßen aussehen« (Matthäus 7,13-14).

Es geht hier also gar nicht darum, dass wir mit Gott ein Leben à la »Bitte-um-alles-was-du-willst-und-ich-werde-es-dir-geben« führen werden. Denn wenn dem so wäre, hätte Jesus nicht direkt im nächsten Satz gesagt, wie schwer es manchmal sein kann, ihm nachzufolgen. »Der Weg ist schmal und unbequem«, sagt Jesus. Das wäre nicht der Fall, wenn wir Gott um alles bitten könnten und dann sofort all das bekommen würden, was wir wollen. Wenn wir diese Bibelstelle noch mal durchlesen, dann wird klar, dass es hierbei um etwas anderes geht:

Wenn wir Gott bitten und uns an ihn wenden, um ihn wirklich zu finden, dann bekommen wir Gott. Er bezieht sich auf sich selbst, wenn er sagt, dass er am besten weiß, wie er unseren Bitten und Fragen begegnen muss. Er lässt sich von uns finden, und er öffnet uns die Tür, wenn wir ihn wirklich suchen. Wir bekommen ihn: seine Güte, seine Perspektive, sein Eingreifen, seine Ausdauer, seine Weisheit, seine Geduld, seine Beharrlichkeit, seinen Schutz. Wenn er im Zentrum unserer Bitten steht, dann wird er uns nichts vorenthalten. Wir bekommen dann, nach wem wir verlangen.

Menschen, die auf dem bequemen breiten Weg unterwegs sind, müssen ihren eigenen Willen nicht aufgeben. Sie machen ihr eigenes Ding und tun, was immer ihnen gefällt. Auf dem schmalen Weg aber folgen wir Jesus und geben dementsprechend die Kontrolle an ihn ab – wir geben unseren eigenen Willen auf und streben nach dem, was Gott wichtig ist. Das ist nicht immer leicht, aber Gott duldet auch die schweren Situationen in unserem Leben, damit wir uns immer wieder an ihn wenden und ihn um Hilfe bitten.

Vielleicht sollte ich Gott also nicht darum bitten, dass meine Waschmaschine plötzlich wieder funktioniert, sondern stattdessen um seine Gegenwart und seinen Frieden inmitten dieser für mich so ärgerlichen Situation. Vielleicht bitte ich ihn lieber darum, dass meine schwierigen Umstände mich dazu bringen, Jesus immer mehr zu suchen. Und vielleicht erbitte ich auch die Entschlossenheit, mich selbst an meinen schlechtesten Tagen für seine Ziele einzusetzen.

Ich wette, dazu sagt er »Ja«.

Gebetsfokus

Bitte Gott, dass er dir hilft, dich mehr auf dein Wachstum im Glauben zu konzentrieren, um dadurch besser mit deinen weltlichen Problemen umgehen zu können. Bitte ihn darum, dass du jede schwierige Situation als Möglichkeit sehen kannst, zu ihm zu kommen und ihn um Hilfe zu bitten.

Die nächsten Schritte

- Welche herausfordernden Umstände machen dir gerade das Leben schwer?
- Was offenbart Matthäus 7,7-11 über Gottes Herz? Wie wirkt sich diese Erkenntnis darauf aus, wie du deine Schwierigkeiten siehst?
- Mach dir eine Liste mit den Eigenschaften Gottes, die zu deiner momentanen Situation passen. Bitte ihn darum, mit seinen guten Eigenschaften in deine Situation hineinzuwirken (Beispiel: Hast du Angst? Gott ist mächtig, allwissend und immer verfügbar. Bist du verunsichert? Gott ist weise, souverän und vertrauenswürdig).

Tag 25

BITTEN UND GOTT VERTRAUEN

»Die einfache Wahrheit ist: Wenn ihr auch nur ein Körnchen Glauben, so groß wie ein winziges Samenkorn, hättet, dann könntet ihr zu diesem Berg sagen: ›Komm, beweg dich!‹, und er würde sich bewegen. Es gäbe nichts, womit ihr nicht fertig werden könntet.«
Matthäus 17,20

»Ihr könnt von jetzt an darauf vertrauen: Ganz gleich, worum ihr in meinem Namen bitten werdet, ich werde es tun, denn dadurch wird die Herrlichkeit des Vaters im Sohn aufleuchten. Ich sage es bewusst noch einmal: Worum auch immer ihr in meinem Namen bittet, das werde ich tun.«
Johannes 14,13-14

»Weil wir zu ihm gehören, können wir ihn voller Freude und Zuversicht um alles bitten, was seinem Willen entspricht. Er hört uns auf jeden Fall. Weil wir nun wissen, dass er uns hört, wenn wir mit

unseren Anliegen zu ihm kommen, wissen wir auch, dass er auf seine Weise unsere Bitten erfüllen wird.«
1. Johannes 5,14-15

Ach nein!

Es mag ja sein, dass Bitten und Empfangen ganz eng miteinander verwoben ist, aber der Teil mit dem Bitten fällt mir doch manchmal sehr schwer. Ich lerne zwar, hinsichtlich meiner Geldsorgen anders zu beten und um mehr von Gott selbst zu bitten, aber wenn es um die Menschen geht, die ich liebe, dann fällt mir das deutlich schwerer. Und ganz besonders schwer fällt mir das hinsichtlich der Diagnosen, die unsere Kinder in letzter Zeit gestellt bekamen. Denn diese Diagnosen sind lebenslänglich und lebensverändernd. Und mein Herz schreit danach, um Heilung zu beten, alles andere wäre heuchlerisch. Doch wenn ich dann Bibelverse lese über einen Glauben, der Berge versetzen kann, wenn wir nur bitten und glauben, dann bleiben mir meine Gebete im Hals stecken.

Und ich habe guten Grund dazu. Bei einem unserer Kinder wurde im Alter von drei Jahren die Diagnose Autismus gestellt. Sie sprach nicht und hatte ihre eigene Art, sich mitzuteilen. Als eine Bekannte bei einer Geburtstagsfeier unsere außergewöhnliche Kommunikation mit unserer Tochter bemerkte, stellte sie mir ein paar Fragen. Ich erzählte von der Diagnose und sie kam zu dem Schluss, dass meine Tochter nur autistisch sei, weil ich Gott nicht voller Glauben um ihre Heilung gebeten habe.

Wie bitte?!? Vielleicht überrascht es dich zu hören, dass ich dieser Frau nicht ins Gesicht gesprungen bin. Tatsächlich amüsierte mich ihre mangelnde Sozialkompetenz mehr, als dass sie mich verletzte. Autismus ist ja keine Krankheit, sondern eine besondere Veranlagung. Autistische Menschen bereichern unsere Welt enorm durch ihre außergewöhnliche Sicht der Dinge. Und das ist noch untertrieben. Autismus macht das Leben aber auch herausfordernder, und als wir die Diagnose unserer Tochter bekamen, machte ich mir erst einmal Sorgen, wie sie damit leben würde. Doch ich hatte nie den Eindruck, Gott darum bitten zu müssen, ihr die autistische Veranlagung zu nehmen. Sie wurde wunderbar und einzigartig geschaffen (vgl. Psalm 139,14).

Am Tag darauf aber legte Gott es mir aufs Herz, ihn doch darum zu bitten. Und so betete ich mit all dem kindlichen Vertrauen, das ich zu bieten hatte, mein mutigstes Gebet: dass Gott sie sprechen lassen würde. Als ich in ihr Zimmer ging, hoffte ich, dass sie gleich etwas sagen würde. Meine Hoffnung war riesengroß. Ich hatte auf die Aufforderung des Heiligen Geistes reagiert und vertrauensvoll gebetet. Ich traute Gott zu, dass er diesen Berg versetzen konnte, und ich glaubte fest daran, dass er es tun würde. Alle Voraussetzungen waren erfüllt.

Doch Gott versetzte den Berg nicht. Ich fühlte mich, als wäre ich in eine Falle getappt. Ich hatte mich verletzlich gemacht und war kräftig auf die Nase gefallen. Danach formulierte ich im Gebet lieber nur noch allgemeine Bitten wie »Dein Reich komme, dein Wille geschehe«, weil ich mir an den konkreten Bitten dieses eine Mal so dermaßen die Finger verbrannt hatte. Aber all die Bibelstellen, die uns dazu auffordern, konkrete Bitten vor Gott zu bringen, bleiben nun mal bestehen. Deshalb ist es wichtig zu versuchen, sie wirklich zu verstehen.

Wie immer ist auch hier der Kontext ausschlaggebend. Ja, der Kontext ist sogar so etwas wie ein Rettungsanker, wenn wir verunsichert sind durch etwas, das Gott sagt oder tut oder zulässt. In den Tagen nach meinem gescheiterten Gebet fand ich Halt in Gottes Charaktereigenschaften. Er ist gut, er ist freundlich, er ist die Liebe – diese Dinge wusste ich, und ich klammerte mich an ihnen fest, trotz meiner Enttäuschung und meiner Verunsicherung.

Wichtig ist auch der Kontext anderer Bibelstellen. Gott sei Dank liefert uns Johannes den Kontext und die Hauptzutat fürs Bergeversetzen: In Jesu Namen sollen wir bitten, gemäß seinem Willen. Anders gesagt: Gott muss nicht immer gleich einen Berg versetzen, weil uns gerade danach ist. Mein Wunsch, das Gehirn meiner Tochter möge anders funktionieren, war nicht Gottes Wunsch. Das war und ist nicht sein Wille für ihr Leben. Doch warum hat Gott es mir dann aufs Herz gelegt, dafür zu beten, wenn er doch wusste, dass er meine Bitte nicht erfüllen würde?

Ich denke, er wollte, dass ich übe, ihn zu bitten. Das klingt vielleicht fies – und das fand ich zunächst auch. Aber jetzt sehe ich es nicht mehr so. Gott ist unser Schöpfer, Heiler und Erlöser. Aber viel zu oft verhalten wir uns nicht so, als würden wir das wirklich glauben. Wir tun eher so, als ob wir keinen Zugang hätten zu dem, der Berge ins Meer werfen kann. Wir verpassen es, unseren Platz in der ersten Reihe einzunehmen und live dabei zu sein, wenn er tatsächlich Berge versetzt. Aber wenn wir ihn konkret um etwas bitten, ist das unser Ticket für den Logenplatz in der ersten Reihe.

Fakt ist, ich kenne Gottes Willen nicht. Ich kenne seine Gebote, sein Herz und die Bibel. Ich verstehe über die Jahre immer mehr von ihm, sodass meine Gebete immer mehr das widerspiegeln, was ihm wichtig ist. Aber ich kenne trotzdem nicht konkret Gottes Willen in den Schwierigkeiten des Lebens. Ich weiß nicht, warum er schwierige Umstände manchmal zulässt und sie uns ein anderes Mal abnimmt. Aber in einer Sache bin ich mir sicher: Gott weiß all die Dinge, die ich nicht weiß. Er weiß alles. Deshalb bringe ich ihm meine konkreten Bitten, denn für ihn ist nichts unmöglich. Dann kann ich ihm vertrauen, ganz egal, wie seine Antwort ausfällt, denn in seiner souveränen Weisheit und seiner unendlichen

Liebe wird er alle Bitten erfüllen, die seinem perfekten Willen entsprechen. Manchmal versetzt er sogar Berge.

Und dann will ich unbedingt live dabei sein.

Gebetsfokus

Bitte Gott, dir zu helfen, wenn du dich durch die schwierigen Aspekte des Bittens durchringst. Bitte ihn darum, dass du seinem Willen vertrauen kannst. Bitte ihn um den Mut, große Gebete zu wagen.

Die nächsten Schritte

- Durch welche Erlebnisse bist du von Gott enttäuscht?
- An welche Eigenschaften von Gott kannst du dich festklammern, während du auf eine Antwort wartest?
- Worum bittest du Gott heute? Bitte ihn mutig und vertrauensvoll, denn für ihn ist alles möglich. Bitte ihn, dass du ihm noch mehr vertrauen kannst, egal welche Antwort er dir gibt.

Tag 26

BITTE IHN UM ALLES

»Ihr müsst darauf vertrauen, dass ihr schon empfangen habt, um was ihr bittet, und es wird geschehen.«
Markus 11,24

Gott um alles Mögliche zu bitten, klingt in der Theorie eigentlich ganz einfach. Doch in der Praxis sieht es ganz anders aus. Zu bitten ist an sich nicht schwer, denn wir alle wissen, wie es sich anfühlt, etwas zu wollen. Aber wenn es ums Empfangen geht, dann kann es ganz schön heikel werden ... denn wir bekommen eben nicht immer das, worum wir gebeten haben.

Da wir Gottes Willen ja nicht im Detail kennen und uns auch nicht ständig wie geistliche Verlierer fühlen wollen, entscheiden wir uns oft dafür, Gott gar nicht erst um das zu bitten, was wir wollen. Das scheint uns sicherer. Wir bekommen dann zwar nicht, was wir uns wünschen, aber dafür sparen wir uns diese ätzende Entmutigung, die nicht erhörte Bitten mit sich bringen. Glücklicherweise sieht Jesus das anders und fordert uns immer wieder dazu auf, Gott um alles zu bitten.

Warum? Weil Gott das, was wir uns wünschen, nicht egal ist. Er legte viele dieser Wünsche von Beginn an in uns hinein, und er kann es sicherlich kaum erwarten, einige dieser Wünsche zu erfüllen – damit sie seinem Reich dienen und ihm Ehre bringen. Dasselbe gilt übrigens für unsere Schwachstellen – auch sie sind Gott nicht egal, und er möchte sie nutzen (mehr dazu später).

Offensichtlich weiß Gott über alle unsere Schwierigkeiten Bescheid. Er kennt die Lösung, und er weiß, wie deine Schwächen in die Gleichung passen. Das ist auch der Grund, warum er dich dazu einlädt, ihn um alles zu bitten. Und das ist kein neues Vorgehen: Gott weckte schon Salomo mitten in der Nacht auf, um ihm genau dasselbe Angebot zu machen. Salomo war nicht besonders weise zu dem Zeitpunkt, aber er war klug genug, um darauf einzugehen. Kurz darauf wurde er von seinem Vater David zum König ernannt:

»Über Nacht blieb er in Gibeon. Da erschien ihm der HERR im Traum. ›Erbitte von mir, was du willst!‹, sagte Gott zu ihm. Salomo antwortete: ›Schon meinem Vater David hast du sehr viel Gutes getan, weil er sein Leben ohne Vorbehalte in Verantwortung vor dir geführt hat und dir von ganzem Herzen treu gewesen ist. Sogar über seinen Tod hinaus hast du ihm deine

Güte erwiesen, denn du hast einem seiner Söhne den Thron gegeben. HERR, mein Gott, du selbst hast mich zum Nachfolger meines Vaters David gemacht. Ich aber bin noch jung und unerfahren. Ich weiß nicht, wie ich diese große Aufgabe bewältigen soll. […]

Darum bitte ich dich: Gib mir ein Herz, das auf dich hört, damit ich dein Volk richtig führen und zwischen Recht und Unrecht unterscheiden kann. Denn wie könnte ich sonst ein so riesiges Volk gerecht regieren?‹« (1. Könige 3,5-7.9).

Gott freute sich über Salomos Bitte und schätzte sie sehr. Daraufhin segnete er Salomo in besonderer Weise, nämlich indem er ihn zum weisesten und reichsten Mann machte, den es bis dato gegeben hatte. Warum tat er das? Weil Gott Salomos Situation kannte: Salomo war der neue König. Gott sah seine Schwachstellen: Salomo war ein unerfahrener König. Und Gott kannte Salomos Wunsch: Er war ein unerfahrener neuer König, der gut regieren wollte.

Mit uns ist das nichts anderes. Gott lädt uns dazu ein, ihn um alles zu bitten, ganz egal, was es ist. Denn dann kann er sich um unsere Bedürfnisse kümmern, die Lösung liefern und in dem ganzen Prozess seinen Willen deutlich machen. Wir werden nur dann zu geistlichen Verlierern, wenn wir dieses unglaubliche Angebot ablehnen. Es ist nie die bessere Option, auf der sicheren Seite zu bleiben und nichts zu riskieren, wenn es ums Gebet geht.

Wenn du nicht das bekommst, worum du gebeten hast, dann bitte Gott darum, dir zu zeigen, warum. Vielleicht wartet Gott noch auf den richtigen Zeitpunkt. Vielleicht ist es aber auch nicht das, was Gott für dich vorgesehen hat. Was auch immer der Grund sein mag, lass dich nicht entmutigen. Wenn es dein Hauptanliegen ist, Gott zu ehren und mit ihm gemeinsam seine Herrschaft aufzubauen, dann wird Gott sich über deine Bitten freuen und sie wertschätzen. Und wer weiß – vielleicht schenkt er dir sogar noch einen Extra-Bonus, wie bei König Salomo.

Gebetsfokus

Danke Gott dafür, dass ihm deine Wünsche wirklich wichtig sind. Bitte ihn um etwas Großes, etwas, das ohne ihn unmöglich ist, und lobe ihn dafür, dass er es tatsächlich bewirken kann.

Die nächsten Schritte

- Kennst du das Gefühl, Gott lieber nicht um etwas zu bitten, weil es sich sicherer anfühlt? Warum oder warum nicht?

- Gott kennt deine Situation, deine Schwachstellen und deine Bedürfnisse. Zu welcher Bitte lädt er dich jetzt gerade eventuell ein?
- Unser wichtigstes Anliegen sollte es immer sein, Gott zu ehren und mit ihm sein Reich zu bauen. Beginne damit, ihn darum zu bitten, und verfolge gespannt, wie er darauf antwortet.

Tag 27

BITTE UND BEKOMME DAS BESTE VON IHM

»Im Hinblick auf diesen Stachel habe ich den Herrn schon dreimal angefleht, dass er ihn aus meinem Fleisch herausziehen möge. Doch seine Antwort lautete nur: ›Meine Gnade genügt dir, denn meine Kraft kommt gerade in deiner Schwachheit zur Vollendung.‹ Ich werde also gern auch weiterhin meine Schwachheit beim Namen nennen, damit die Kraft Jesu Christi mich erfüllt.«
2. Korinther 12,8-9

Es stimmt. Salomos Bitte wurde erfüllt. Gott hat seine Defizite über alle Maßen aus seiner Fülle ausgeglichen. Es stimmt aber auch, dass Paulus' Bitte nicht erfüllt wurde: Er bat Gott darum, »den Stachel aus seinem Fleisch zu ziehen«, doch das passierte nicht.

Worum es sich bei diesem Stachel handelte, wird wohl ein ewiges Rätsel bleiben. Theologen spekulieren seit Jahrhunderten darüber und vermuteten schon alles Mögliche: eine Augenerkrankung, eine Posttraumatische Belastungsstörung, eine Malariaerkrankung, eine homosexuelle Veranlagung oder sonst irgendetwas anderes, das ihn belastete.

Was auch immer es war, es war etwas Dauerhaftes und musste ihn sehr belastet haben. Dreimal flehte er Gott an, ihn davon zu befreien. Doch Gott sah, was dieser Stachel in Paulus bewirkte, und deshalb ließ er ihn genau dort, wo er war. Es scheint als hätte Paulus beim Thema Bitten im Vergleich zu Salomo eindeutig den Kürzeren gezogen. Doch das stimmt so nicht. Paulus bat um Linderung und Gott gewährte sie ihm, auch wenn das nicht hieß, dass er ihn von dem Stachel befreite.

Wir alle haben solche Stachel, keiner von uns ist davon ausgenommen. Jeder dieser Stachel, egal wie groß oder klein er sein mag, hat einen Zweck. Einer meiner dauerhaften Stachel steckt förmlich in meinem Gehirn. Ich bin Legasthenikerin und habe eine Lernschwäche. Das bedeutet, dass es mir manchmal sehr schwerfällt, Informationen aufzunehmen und zu verarbeiten. Mein Kopf kommt dann durcheinander oder bleibt irgendwie komplett hängen – wie ein Computer, der abstürzt. Die Bereiche meines Gehirns, die fürs Verstehen zuständig sind, scheinen zwar erreichbar zu sein, aber sie sind manchmal wie verknotet und kommen dann zu keiner Lösung mehr. Wenn das passiert, würde ich am liebsten den ganzen Apparat herunterfahren und neu starten – oder gleich gegen die Wand schmeißen, so frustrierend ist das.

Oft entscheidet sich mein Gehirn freundlicherweise dazu, ganz normal zu funktionieren. Und trotzdem wird dadurch alles, was ich tue, zum Ratespiel. Wenn ich zum Beispiel einen Text laut vorlesen soll, dann können zwei Dinge passieren: Entweder schaffe ich es, den Text ohne große Anstrengung am Stück zu lesen, oder ich starre wie ein verwirrtes Äffchen auf ein unverständliches Durcheinander von Wörtern, die keinen Sinn ergeben. Ein ganz lustiges Spiel ist das, kann ich dir sagen! Und überhaupt nicht peinlich!

Ehrlich gesagt war diese Beeinträchtigung früher sehr schmerzhaft für mich, vor allem in jungen Jahren. Die Unsicherheit, die dadurch entstand, war schrecklich, und die Schule war für mich ein absoluter Albtraum. Ich fühlte mich wie das dümmste Kind der Welt. Das alles ist inzwischen schon viele Jahre her, sodass ich mich vom Trauma der Schulzeit erholt und es geschafft habe, sogar im Studium ganz gut klarzukommen. Aber ich fühle mich immer noch geschwächt. Das ist wirklich ein großer Stachel in meinem Leben und ich habe Gott schon unzählige Male gebeten, ihn mir wegzunehmen. Bisher hat er beschlossen, es nicht zu tun. Offensichtlich zieht er das vor, was dieser Stachel in meinem Leben bewirkt – Demut, Intimität mit und Abhängigkeit von ihm.

Zusammenfassend lässt sich also sagen: Gott antwortete Paulus im selben Maß, in dem er auch Salomo geantwortet hatte, und er antwortete mir im selben Maß wie Paulus. Er hat alle unsere Schwächen und Defizite mehr als aufgewogen. Denn seine Gnade ist genug und seine Kraft kommt gerade in der Schwachheit zur Vollendung, ganz egal, ob wir ahnungslos sind und Weisheit brauchen oder ob wir in irgendeiner Weise verletzt sind und Heilung brauchen.

Dank meines Stachels habe ich genau das verstanden – übrigens ausnahmsweise mal ganz ohne Durcheinander im Kopf. Gottes Gnade, mit der er mich verschwenderisch überschüttet, ist kein Trostpreis, sondern vielmehr der Hauptgewinn. Durch diesen Gewinn bekomme ich immer mehr von Jesus ab, weil es seine Kraft ist, die in mir und durch mich wirkt. Deshalb werde ich mich also umso mehr über meine Legasthenie freuen, damit die Kraft Jesu Christi mich erfüllt.

Gebetsfokus

Danke Gott dafür, dass seine Stärke in deiner Schwachheit zur Vollendung kommt. Bitte ihn darum, dir zu zeigen, wie jeder einzelne Stachel in deinem Leben dazu dienen kann, ihn zu ehren. Lobe ihn dafür, dass er alle unsere Mängel mehr als aufwiegt.

Die nächsten Schritte

- Welche Stachel hast du Gott gebeten, aus deinem Leben zu entfernen? Warum?
- Wie war bisher deine Einstellung gegenüber Gott in Bezug auf diese Stachel? Musst du deine Sicht darauf vielleicht ändern, jetzt, wo du weißt, dass sie einen Zweck in deinem Leben erfüllen können?
- Inwiefern hat Gottes Kraft dich gestärkt und dir gezeigt, dass seine Kraft mehr als genug ist?

Tag 28

ERWARTUNGEN

»Johannes war in der Zwischenzeit ins Gefängnis gebracht worden. Als er erfuhr, was Jesus alles tat, sandte er seine eigenen Jünger, um Jesus folgende Frage zu stellen: ›Bist du es, auf den wir warten sollten, oder müssen wir auf einen anderen warten?‹«
Matthäus 11,2-3

Was für eine Frage von einem der bedeutendsten Menschen der Christenheit!

Johannes der Täufer selbst hatte den Messias ja angekündigt. Und das wiederum war die von Gott durch einen Engel angekündigte Bestimmung für sein auf wundersame Weise entstandenes Leben (vgl. Lukas 1,5-13). Er predigte voller Leidenschaft seine Botschaft der Umkehr und der Vorbereitung auf den kommenden Messias – trotz aller Widrigkeiten, die dieser Dienst mit sich brachte. Er ging immer aufs Ganze und war ein Mann der Extreme: Er lebte in der Wildnis, ernährte sich von Insekten, trug einen Mantel aus Kamelhaar und predigte jedem, dem er begegnete, eindrücklich seine wachrüttelnde Botschaft. Er selbst war es, der Jesus taufte und hautnah miterlebte, was dann geschah:

»In dem Augenblick, als Jesus nach der Taufe aus dem Wasser stieg, öffnete sich der Himmel, und er sah den Geist Gottes wie eine Taube auf sich herabschweben. Gleichzeitig war eine Stimme zu hören: ›Dies ist mein Sohn, den ich über alles liebe‹« (Matthäus 3,16-17).

Man kann sich nur schwer vorstellen, wie diese Stimme geklungen hat. Sie zu hören, war für Johannes aber mit Sicherheit die Bestätigung für seinen ohnehin großen Glauben daran, dass der Messias kommen würde und sogar schon da war.

Und als ob das noch nicht genug wäre, kamen dann noch die Wunder hinzu, die Jesus tat. Jesus hatte sich Freunde gesucht, die mit ihm gemeinsam von Stadt zu Stadt zogen, predigten, Menschen heilten und so die Massen beeindruckten. Währenddessen machte Johannes weiter mit dem, was er zuvor auch getan hatte, er predigte und verwies auf Jesus:

»Ihr selbst habt doch gehört, dass ich von Anfang an darauf hingewiesen habe, dass ich nicht der Messias bin, sondern nur sein Vorläufer, der, der die Menschen auf ihn vorbereiten soll. Der Mann, der die Braut erhält, ist nun mal der Bräutigam, und sein Freund steht neben ihm, hört, was er sagt, und freut sich für ihn. So freue auch ich mich jetzt, denn eines wird geschehen

müssen: Mein Einfluss wird abnehmen, er wird aber ständig an Bedeutung gewinnen« (Johannes 3,28-30).

Johannes war voller Glauben. Bis er im Gefängnis landete.

Johannes erlebte, wie unerfüllte Erwartungen einen aus der Bahn werfen können. Inmitten seines beeindruckenden Glaubens war immer noch Platz für Fragen und Zweifel. Er war nicht immun gegen Angst und Frust. Vielleicht fühlte er sich dort im Gefängnis sogar verlassen und verraten von dem, für den er sich sein Leben lang eingesetzt hatte. Anscheinend besuchte Jesus seinen treuen Diener und Verwandten Johannes ja noch nicht einmal im Gefängnis.

Trotzdem hatte Johannes gute Gründe für einen starken Glauben. Er hatte einige der Wunder von Jesus miterlebt und war selbst Teil der Geschichte geworden – er war die Erfüllung der Verheißung, dass der lang ersehnte Messias angekündigt werden würde (vgl. Jesaja 40,3). Doch trotz allem, was er wusste, geriet er ins Wanken, denn so ist das bei uns Menschen – wenn die Dinge schiefgehen, fangen wir an zu hinterfragen und zu zweifeln. In solchen Momenten erinnert uns dann Gott meistens daran, wer er ist, egal, wie die Umstände sind.

»Jesus gab ihnen zur Antwort: ›Geht zurück und berichtet Johannes, was alles geschieht: Blinde sehen, Lahme gehen, Leprakranke werden rein, Taube hören, Tote werden wieder lebendig, und die Menschen auf der Schattenseite des Lebens hören davon, dass Gott auf ihrer Seite steht. Wenn es das ist, wonach

ihr euch gesehnt habt, dann habt ihr jetzt allen Grund, glücklich zu sein!‹« (Matthäus 11,4-6).

Jesu Antwort an Johannes war simpel: »Erinnere dich an das, was du bereits über mich weißt. Lass nicht zu, dass diese Situation dich zu Fall bringt, mein treuer Diener. ICH BIN, wer ich behaupte zu sein, auch wenn deine Erwartungen unerfüllt bleiben.«

Jesus war nicht wütend auf Johannes. Er war nicht überrascht, dass Johannes solche Zweifel hatte – im Gegenteil. Er wandte sich der Menschenmenge zu und lobte Johannes öffentlich (vgl. Vers 11), denn Jesus ist geduldig und freundlich zu uns, und er weiß, dass unerfüllte Erwartungen ganz schön hart sein können. Außerdem ist er keine Geisel unserer Zweifel oder Enttäuschungen, so als ob er sich zuerst noch beweisen müsste – das hat er schon getan.

Jesus besuchte Johannes nicht im Gefängnis, und er holte ihn auch nicht dort heraus. Stattdessen wurde Johannes hingerichtet. Als er starb, bekam er ein neues Leben im Himmel, wo er mit eigenen Augen sehen konnte, was er geglaubt hatte, und ganz bestimmt mit den Worten empfangen wurde: »Sehr gut gemacht, mein guter und treuer Diener.« All die weltlichen Erwartungen, die Johannes jemals hatte, wurden dort weit übertroffen.

Gebetsfokus

Danke Gott für seine Geduld mit dir in deinen Zweifeln und deiner Enttäuschung. Bitte ihn um noch mehr Vertrauen und einen stärkeren Glauben. Danke ihm dafür, dass er der ist, der er behauptet zu sein, und dass er vertrauenswürdig ist.

Die nächsten Schritte

- Welche großen Erwartungen in deinem Leben haben sich nicht erfüllt, und wie bist du mit diesen Enttäuschungen umgegangen?
- Lies Psalm 42,11, Jesaja 40,28-31 und Römer 8,28. Wie wirken sich diese Bibelstellen auf deinen Umgang mit schwierigen Situationen aus?
- Glaubst du wirklich, dass Gott der ist, der er behauptet zu sein: dass er immer gut und freundlich, weise und gerecht ist? Sei ehrlich – zu dir selbst und zu Gott –, denn die meisten von uns tun sich schwer damit und können das nicht immer glauben.

Tag 29

GLAUBENSKILLER

»Jedes Mal, wenn er [Herodes] ihm [Johannes] zuhörte, fühlte er sich aufgrund seiner Schuld ganz elend – und doch hörte er ihm oft und gerne zu.«
Markus 6,20

Herodes Antipas ist kein Typ, mit dem wir uns leicht identifizieren können. Er war ein römischer Herrscher, der die Frau seines Bruders heiratete und deren Tochter versprach, sie habe einen Wunsch bei ihm frei, nachdem diese einen ganzen Raum voller Gäste mit ihren reizenden Tänzen unterhalten hatte – kaum jemand von uns findet sich wohl in einer solchen Beschreibung wieder. Und das ist auch gut so, schließlich geht die Geschichte so weiter, dass die Tochter seiner Frau den Kopf von Johannes dem Täufer auf einem Teller einfordert und Herodes sich aus Angst vor einer möglichen Blamage vor seinen Gästen darauf einlässt – es wäre also wirklich gut, wenn du dich nicht damit identifizieren könntest.

Aus diesen Gründen war Herodes auch kein besonders sympathischer Typ. Er war nicht nur für den Tod des Täufers verantwortlich, sondern (Spoiler-Alarm!) er spielte auch bei der Kreuzigung Jesu eine gewisse Rolle. Doch vor diesen Hinrichtungen gab es einen Schimmer Hoffnung: Herodes' Herz war weich genug, um Johannes' Predigten zuzuhören. Doch was ist dann passiert? Ab welchem Zeitpunkt gingen die Dinge so furchtbar schief? Kurz gesagt: Herodes hatte Angst davor, sein Gesicht zu verlieren, und tat alles, um seinen Ruf zu wahren.

Bevor er Johannes enthaupten ließ, sperrte Herodes ihn ins Gefängnis, weil Johannes öffentlich den Ehebruch von Herodes angeprangert hatte. Es war nicht nur unerhört, dass der König seinem Bruder die Frau ausspannte, es war auch verboten. Als die Leute durch Johannes' öffentliche Anklagen von der skandalösen Situation um die Ehe des Herodes Wind bekamen, waren sie schockiert. Das war ein echter PR-Fail und ziemlich schlecht fürs Image. Deshalb ließ Herodes – auf Drängen seiner Frau hin – Johannes einsperren, um ihn zum Schweigen zu bringen.

Trotz der persönlichen Vorwürfe hörte Herodes Johannes gerne zu. Nachdem er bisher von einem Haufen Ja-Sager und selbstverliebter Parasiten umgeben gewesen war, war Johannes' direkte Art vermutlich ganz erfrischend für ihn. Da Johannes es sogar gewagt hatte, Herodes öffentlich für sein Fehlverhalten zu kritisieren, ist davon auszugehen, dass er Herodes auch persönlich ermahnte und ihn nachdrücklich zur Umkehr und zum Glauben aufrief. Das war immerhin sein Job, ja mehr noch, sein Lebenswerk. Beeindruckend ist, dass Herodes ihm tatsächlich zuhörte. Was Johannes sagte, machte ihn stutzig und war nicht leicht zu schlucken, aber er hörte ihm zu.

Leider hörte er aber noch mehr auf andere. Umgeben von wichtigen Persönlichkeiten und gedrängt von ihrer rachsüchtigen Mutter, bat das tanzende junge Mädchen Herodes um den Kopf des Johannes. Obwohl ihn diese unfassbare Forderung völlig erschütterte, befahl Herodes dem Henker, Johannes zu enthaupten.

Das war's. Wieder einmal hatte Herodes die gigantische Fehlentscheidung getroffen, sich dem wankelmütigen Willen von Menschen zu beugen, um seine Macht und sein Ansehen zu wahren. Ihm war sein Image wichtiger, als Johannes zu retten, und so ermordete er den – wie Jesus sagte – grandiosesten Menschen, der jemals geboren wurde (vgl. Matthäus 11,11).

Auch wenn wir uns nicht direkt in der Biografie von Herodes wiederfinden, können wir uns trotzdem mit dem Dilemma identifizieren, in dem er sich befand. Viele von uns kennen Menschenfurcht – auch Gefallsucht genannt – als den schier unersättlichen Hunger nach der Anerkennung anderer. Das ist ein echter Glaubenskiller. Auch wenn sie nicht immer gleich zu Mord führt, so erstickt sie doch geistliches Wachstum.

Stell dir mal vor, was passiert wäre, wenn Herodes gesagt hätte: »Ach du meine Güte! Mädchen, was ist los mit dir? Wünsch dir etwas Normales, so etwas wie ein Pony.« Aber das hat er nicht gesagt. Herodes Antipas war Sklave seines kranken Strebens nach der Liebe seiner boshaften Frau, der Annahme der Volksmenge und der Wertschätzung seiner Kollegen. Und gerade dadurch wurde er zu einem der am meisten verachteten Menschen in der Weltgeschichte. Wenn das nicht ironisch ist!

Gebetsfokus

Bitte Gott, dir zu zeigen, wo es dir nur darum geht, anderen Menschen zu gefallen. Bete um Hilfe, damit du danach strebst, Gott zu gefallen, nicht den Menschen. Danke Gott dafür, dass du vor ihm nicht dein Gesicht wahren musst.

Die nächsten Schritte

- Du siehst dich selbst vielleicht nicht als klassischen People-Pleaser, aber wir alle kennen Menschenfurcht oder den Wunsch nach Anerkennung durch andere. Wie wirkt sich das auf dein Sozialleben, dein Verhalten bei der Arbeit und in der Familie aus?

- Versuche dich an eine Situation zu erinnern, als du Gruppenzwang nachgegeben hast, um dazuzugehören oder dein Image zu wahren. Dann versuche dir vorzustellen, wie anders diese Situation verlaufen wäre, wenn du dem Druck nicht nachgegeben hättest.
- Laut 1. Samuel 16,7 beeindrucken unsere menschlichen Erfolgsstorys Gott nicht. Was ist für Gott das Wichtigste? Wie würde sich dein Leben verändern, wenn du mehr nach Gottes Prioritäten fragen würdest als nach denen anderer Menschen?

Tag 30

HINGEBUNGSVOLL

»Am Ende des Tages zog er sich auf einen nahe gelegenen Hügel zurück und nahm nur die mit, mit denen er auch in Zukunft enge Gemeinschaft haben wollte. So wählte er sich zwölf Männer aus, die er ›Apostel‹ nannte. Diese Männer sollten mit ihm zusammenleben und von ihm lernen, damit er sie in die Welt senden konnte, um die Botschaft von der liebevollen Herrschaft Gottes zu verkünden. Auch wollte er ihnen Vollmacht über die Dämonen geben.«
Markus 3,13-15

»Also, ich will dich, dich, dich, dich, dich, dich, dich, dich, dich, dich, dich und dich.«

An diesem Tag vervollständigte Jesus sein Team von Jüngern. Er wählte die zwölf Männer aus, die einen so großen Einfluss auf die Welt haben würden wie sonst keine andere Gruppe in der Geschichte der Menschheit. Auch Judas war Teil des Teams. Jesus wählte also gemäß der Anweisung seines himmlischen Vaters auch denjenigen aus, der ihn später mit einem Kuss verraten würde. Natürlich wusste Judas zu diesem Zeitpunkt noch nichts davon. Er konnte seinen bevorstehenden Untergang nicht vorhersehen. Er hatte keine Ahnung, was sein Verhalten eines Tages in Bewegung setzen würde und wie es letztendlich zum Tod von Jesus und zu seinem eigenen Tod führen würde. An diesem Tag aber war Judas vermutlich total begeistert, immerhin war er aus einer riesigen Menschenmenge ausgewählt worden, um im Elite-Team von Jesus dabei zu sein.

Wir wissen nichts über den inneren Wandel vom anfangs begeisterten Judas hin zu dem Judas, der Jesus schließlich verriet. Klar scheint nur, dass eine Veränderung stattgefunden haben muss. Warum gab Judas freiwillig alles auf, um mit Jesus mitzugehen? Meinte er es in jenem Moment wirklich ernst mit Jesus oder war er womöglich ein geldgieriger Ja-Sager, der nur versuchte, die Menschen, die von Jesus begeistert waren, auszubeuten? Wir wissen es nicht.

Was wir aber wissen, ist Folgendes: Er hätte sich ändern können. Judas hätte nicht für immer so bleiben müssen. Er hatte viele Möglichkeiten, seine Gier über Bord zu werfen und im Vertrauen und im Gehorsam zu wachsen. Er erlebte dieselben Dinge wie die anderen Jünger. Jesus lehrte Judas und sandte ihn aus, um selbst zu predigen und zu heilen. Sehr wahrscheinlich bekam auch Judas die Vollmacht, böse Geister auszutreiben. Zumindest steht nirgends: »Die elf aufrichtigen

Jünger wurden ausgesandt, während der boshafte Jünger Judas im Quartier bleiben musste.« Nein, soweit wir wissen, lernte und tat Judas all die Dinge, die auch für die anderen Jünger vorgesehen waren. Aber er tat sie mit einem unaufrichtigen, dunklen Herzen.

Judas war ein selbstsüchtiger, geldgieriger Mensch – nicht gerade eine Bagatelle als Nachfolger eines heimatlosen Wanderpredigers. Auch Matthäus war ziemlich geldgierig gewesen, und er hatte für seinen Weg mit Jesus vermutlich sogar noch mehr aufgegeben als Judas. Schließlich war Matthäus ein sehr wohlhabender Steuereintreiber gewesen. Und doch machte der Wandel von »extrem reich« zu »extrem arm« Matthäus interessanterweise nichts aus. Warum nicht? Weil Matthäus sich ganz auf Jesus eingelassen hatte. Judas wohl nicht.

Judas wäre der Richtige gewesen für ein Werbeplakat mit der Aufschrift: *»Ihr könnt nicht zwei Götter auf einmal verehren. Wenn ihr den einen Gott liebt, werdet ihr irgendwann den anderen für unwichtig halten. Ich will damit sagen: Ihr könnt nicht Gott verehren und gleichzeitig Geld als das Wichtigste in eurem Leben ansehen« (Matthäus 6,24).*

Judas hatte sich offensichtlich dem Geld verschrieben. Dagegen ist es wunderschön zu sehen, wie Jesus selbst einem Judas diente, weil Jesus seinem Vater im Himmel hingebungsvoll diente. Er gehorchte den Anweisungen seines Vaters und tat dessen Willen, auch wenn es um seinen eigenen Verräter ging. Er wusste, dass Judas sich niemals ändern würde, obwohl er die Möglichkeit dazu hatte. Judas würde in den ganzen drei Jahren, die Jesus mit seinen Freunden unterwegs war, so selbstsüchtig und habgierig bleiben. Vor allem aber wusste Jesus, dass sein himmlischer Vater sich niemals ändern würde. Er würde für immer der souveräne Gott des Universums bleiben, der jeden seiner Schritte lenken würde.

Mit diesem Wissen muss es Jesus deutlich leichter gefallen sein, an jenem Tag seinen künftigen Verräter in die Gruppe der zwölf Jünger aufzunehmen. Es ging nie darum, ob Judas gehorsam war oder nicht. Diese Geschichte zeigt, dass Jesus gehorsam war, und darum ging es.

Gebetsfokus

Danke Jesus, dass er bereit war, sich dem Willen seines Vaters unterzuordnen. Bitte ihn darum, dir das aufzuzeigen, was dir möglicherweise wichtiger ist als er. Er ist es wert, dass du ihm hingebungsvoll dienst – lobe ihn dafür!

Die nächsten Schritte

- Wenn du an Jesus und seine Beziehung zu Judas denkst, welche Charaktereigenschaften von Jesus bringen dich ins Grübeln und warum?
- Wir sollen uns ähnlich wie Jesus verhalten. Deshalb überleg mal, ob es in deinem Leben etwas gibt, das sich mit der Judasproblematik vergleichen lässt. Wem sollst du dienen, weil Gott es so möchte?
- Lies Matthäus 6,19-24. Welche Parallelen entdeckst du zu deinem Leben?

Tag 31

HOL DIR DEN HAUPTGEWINN

»Manche rufen zu Gott: ›Herr, Herr!‹, und denken, dass eine solch fromme Anrede schon ausreichend ist für ein Leben mit Gott. Ihr redet viel, wenn der Tag lang ist, und Worte sagen nichts darüber aus, wie es wirklich in euch aussieht. Die Nagelprobe ist, ob ihr wirklich tut, was euer Vater im Himmel von euch erwartet.«
Matthäus 7,21

Judas wurde ins Team der Jünger gewählt, aber er bekam nie den Lohn dafür. Er verriet Jesus, wie wir alle wissen. Aber wie konnte er so etwas tun? Warum hat er es getan? Und was bedeutet das für uns?

Es ist schon schwer genug, in einem Andachtsbuch ein Kapitel über Judas zu schreiben, zwei sind umso schwerer. Doch die Beziehung zwischen Judas und Jesus lässt sich nicht so schnell durchschauen und abhaken. Dieser Typ war ganze drei Jahre lang mit Jesus unterwegs – stell dir das mal vor. Er sah die Wunder, die Jesus tat. Er hörte seine Predigten. Er erlebte die Liebe von Jesus, sein Mitgefühl, seine Demut. Er sah ihn beten. Was war nur los mit diesem Judas, dass er so hasserfüllt auf die menschgewordene Liebe reagierte?

Judas wird oft als klassischer Schurke dargestellt. So ein Klischee-Judas hätte sicherlich einen Schnurrbart und einen schwarzen Mantel getragen. Er hätte sich spöttisch lachend und höhnisch grinsend die Hände gerieben, während er fiese Pläne schmiedete. Aber das ist Quatsch. Fakt ist: Judas war ein stinknormaler Kerl. Er passte zum Rest der Gruppe der Jünger und sie waren genauso geschockt wie jeder andere, als sie hörten, dass Judas Jesus verraten hatte. Wäre Judas der Schurken-Typ gewesen, hätte jeder mit so einem Verrat gerechnet und gesagt: »Klar, das war absehbar!«

Aber so offensichtlich war es nicht. Vielleicht nicht einmal für Judas selbst, das wissen wir nicht. Ja, er wurde in die Versuchung gebracht, Jesus zu verraten, aber er hat es dann trotzdem absolut vorsätzlich umgesetzt. Er versagte ähnlich wie David. David beging Ehebruch mit einer Frau namens Bathseba und ließ dann den Ehemann seiner Geliebten umbringen (vgl. 2. Samuel 11). Und trotzdem ist er bekannt als »ein Mann nach dem Herzen Gottes« (vgl. Apostelgeschichte 13,22). Aaron durfte Hohepriester bleiben, obwohl er dem Druck der Israeliten nachgegeben und ihnen ein Götzenbild geschmiedet hatte, das sie nackt tanzend anbeteten (vgl. Exodus 32). Judas wusste nicht, dass Petrus Jesus dreimal verleugnen würde (vgl.

Lukas 22,54-62), doch wenn er das gewusst hätte, dann hätte er sich wahrscheinlich mit dem Einwand verteidigt, dass Petrus' Versagen ja wohl genauso schlimm war wie sein eigenes.

Die ganze Bibel ist voll von solchen ungeheuerlichen, beschämenden, schrecklich dummen Fehlern, die von Menschen begangen wurden, die doch eigentlich versuchten, Gott treu zu sein. Warum wurde also Judas dem Untergang geweiht (vgl. Johannes 17,12)? Warum war sein Fehler so viel schlimmer als alle anderen? Weil er nicht versagte, während er versuchte, Gott nachzufolgen – er versagte einfach so. Er mag alles getan haben, was die anderen Jünger auch taten, aber er versuchte nicht, ernsthaft und aufrichtig Jesus nachzufolgen. Er hatte sein Leben nicht an Jesus hingegeben, denn er war nicht bereit dazu, ihn wirklich kennenzulernen.

In einer Gemeinde mitzuarbeiten oder dein Herz und Leben wirklich Jesus gegeben zu haben, können zwei komplett verschiedene Dinge sein. Judas nannte Jesus »Herr«. Er war bei all den Unternehmungen der Jünger dabei und vollbrachte wahrscheinlich sogar ein paar Wunder wie der Rest von ihnen, doch er versagte darin, den Willen seines himmlischen Vaters zu tun, nämlich Jesus persönlich kennenzulernen.

Erschreckend ist, dass Judas damit in bester Gesellschaft ist. *»Ich kann mir jetzt schon vorstellen, wie beim Letzten Gericht Tausende aufstehen und behaupten werden: ›Herr, wir haben doch deine Botschaft verkündet, haben Dämonen ver-*

trieben, und über unsere vollmächtigen Dienste im Reich Gottes hat jedermann gesprochen.‹ Wisst ihr, was ich ihnen entgegnen werde? ›Tut mir leid, ich bin euch noch nie begegnet. (Ihr habt meinen Namen nur benutzt, um euch selbst wichtig zu machen.) Ihr habt einfach nicht das getan, worauf es mir ankommt. Geht mir aus den Augen‹« (Matthäus 7,22-23).

Tausende werden das behaupten. Tausende. Nicht nur Judas, der Verräter. Es gibt viele scheinbar gläubige Leute, die in Gemeinden voll engagiert sind, aber Jesus gar nicht persönlich kennen. Das ist beängstigend, und ich schätze, das sollte es auch sein. Was könnte schlimmer sein, als wenn Jesus zu dir sagt: »Ich bin dir noch nie begegnet«? Ich glaube, es gibt nichts Schrecklicheres als das. Also lerne ihn am besten kennen!

Wenn du dein Leben noch nicht an Jesus übergeben hast, dann tu es jetzt. Er hat dich bereits auserwählt. Wähle du ihn auch. So antwortest du angemessen auf seine vollkommene Liebe und bist bereit für den Hauptgewinn.

Gebetsfokus

Danke Gott dafür, dass er dich schon in sein Team gewählt hat. Sage ihm, dass du ihn gerne noch besser kennenlernen möchtest. Danke ihm, dass du ihn persönlich kennenlernen kannst.

Die nächsten Schritte

Wenn du Jesus dein Leben noch nicht anvertraut hast, dann kannst du dieses Gebet sprechen:

Himmlischer Vater, ich bin bisher meine eigenen Wege gegangen und habe mich nicht um deinen Willen gekümmert. Bitte vergib mir. Aber jetzt möchte ich dich wirklich persönlich kennenlernen. Ich glaube an dich und an deinen Sohn. Ich glaube, dass Jesus für mich gestorben und vom Tod wiederauferstanden ist. Und ich glaube, dass er mein Leben erneuern kann. Danke, dass ich dein Kind sein darf. Ich übergebe dir jetzt mein Leben. Bitte schenk mir durch deinen Heiligen Geist den Mut, meinen Glauben an dich vor anderen zu bekennen und jeden Tag meines Lebens mit dir zu leben.

Ich bitte dich darum im Namen deines Sohnes Jesus Christus.

Amen.

Tag 32

WIE EIN HAUS AUF FESTEM GRUND

»Warum gibt es unter euch so viele, die ständig ›Herr, Herr‹ im Mund führen, sich aber nicht im Geringsten nach dem richten, was ich sage?«
Lukas 6,46

Die Menschen zur Zeit Jesu hatten kein Problem, anwesend zu sein und Jesus beim Predigen zuzuhören; sie waren nicht uninteressiert, schließlich blieben sie oft lange Zeit bei ihm und hörten ihm zu. Sie sahen sich alles an, was er tat, und sicherlich gefielen ihnen ganz besonders die Wunder, die er vollbrachte. Seine Art und seine Worte müssen faszinierend gewesen sein. Doch die Menschen hatten ein Problem mit dem Wort »Herr« und so dauerte es nicht lange, bis Jesus das ansprach.

Seien wir doch mal ehrlich: Kaum jemandem gefällt es, unter der Macht von jemand anderem zu stehen. Die Herrschaft eines anderen zu respektieren erfordert Achtung, Demut und sogar Gehorsam. In einer Gesellschaft, in der jeder sich selbst an erste Stelle setzt, in der persönliches Glück das Wichtigste ist und in der jeder sich seine eigene Wahrheit aussuchen kann, stößt die Idee, sein Recht auf absolute Selbstbestimmung aufzugeben, schnell auf Widerspruch. Jede Fremdherrschaft nimmt uns das Recht, selbst bestimmen zu können, was das Beste für uns ist.

Das ist interessanterweise gar nichts Neues, denn die Menschen im Umfeld von Jesus hatten offensichtlich dieselben Schwierigkeiten damit, wenn auch unter völlig anderen Umständen. Sie standen unter der brutalen Herrschaft der Römer, und sie hatten die Nase voll davon. Sie mussten sich unterordnen und litten darunter. Vermutlich war für sie deshalb Unterordnung gleichbedeutend mit Leid.

Dann erschien plötzlich ein Mann auf der Bildfläche, der total spannend war und coole Dinge tat, aber ihn deshalb »Herr« zu nennen? Ähm, nein danke, Jesus. Wir möchten eigentlich nur die Show sehen und ansonsten unser eigenes Ding machen. Genau wie zur Zeit Jesu tauchen auch heute manche nur zu Weihnachten im Gottesdienst auf, während sie tief in ihren Herzen Jesus als Herrscher über ihr Leben ablehnen. Leider vertrauen viele Menschen stattdessen lieber sich selbst und klammern sich an irgendwelche Dinge, die ihnen vermeintliche Kontrolle geben. Die meisten wollen sich lieber niemandem unterordnen. Doch genau das verlangt Jesus.

»Deswegen möchte ich euch noch einmal sagen, mit wem jemand zu vergleichen ist, der meine Worte hört und sie in seinem Leben umsetzt. Man könnte ihn mit einem Bauherrn vergleichen, der sein Haus an einen Fluss gebaut hat. Er setzte seine Grundmauern auf Felsen. Als dann der Fluss über die Ufer trat und mit voller Wucht auf das Haus traf, konnte dies das Haus nicht erschüttern. Es war so gebaut, dass es viele Jahre lang allen Stürmen standhalten konnte. Aber wenn ihr euch nur anhört, was ich sage, und es womöglich noch gut findet, aber nichts davon in eurem Leben Wirklichkeit werden lasst, dann kann man euch mit einem sehr beschränkten Bauherrn vergleichen, der sein Haus ohne Grundmauern einfach auf den Ufersand setzte. Als nun der Fluss über die Ufer trat und die ersten Wellen des Flusses das Haus erreichten, brach es in sich zusammen, und der Schaden war gewaltig« (Lukas 6,47-49).

Jesus lehrte nicht nach dem Motto »Friss oder stirb«. Er heilte die Menschen auch nicht in erster Linie, damit sie ein leichteres Leben hätten. Er heilte sie, um zu zeigen, dass er Herr ist – und ja, auch, weil er ein liebevoller und mitfühlender Herr ist. Jesus versprach seinen Zuhörern nicht, dass sie vor Fluten verschont bleiben würden, wenn sie mit ihm lebten. Wie es in diesem Gleichnis heißt: Der Mann baute sein Haus auf festen Grund, damit es nicht einstürzte, wenn die Flut kam.

Jesus ist dieser Fels, der sichere Grund, auf den wir bauen können. Für ihn lohnt es sich, tief in den Boden zu graben, und er ist es wert, dass wir uns vor ihm beugen, denn er wird unser Leben erhalten, wenn wir das tun, was er sagt, und wenn wir uns ihm unterordnen und ihn aufrichtig »Herr« nennen.

Umgekehrt werden diejenigen, die ihr eigenes Ding machen und sich auf ihre eigene Weisheit verlassen, alles verlieren. Es mag sich für sie gut anfühlen, solange das Haus steht, doch ohne den sicheren Grund wird es letztendlich untergehen. Indem wir Jesus »Herr« nennen, erkennen wir die Macht an, die er bereits hat. Er ist der Schöpfer der ganzen Welt, deshalb sollten wir das tun, was er sagt.

Gebetsfokus

Bitte Gott, dir zu zeigen, wo du seine Herrschaft nicht anerkannt und dein eigenes Ding gemacht hast. Bitte ihn um Vergebung, und bete für die Stärke, deinen eigenen Willen aufzugeben und stattdessen nach seinem Willen zu fragen. Wenn du Jesus noch nie »Herr« genannt hast, dann ändere das noch heute – denn es ist nie zu spät, ihn als König anzuerkennen.

Die nächsten Schritte

- Ist Jesus wirklich dein Herr? Warum oder warum nicht?
- Was löst das Wort »Unterordnung« in dir aus?
- Lies 2. Mose 34,6 sowie 5. Mose 32,4 und Psalm 145,8. Inwiefern verändert sich das Konzept der Unterordnung, wenn du dir bewusst machst, dass derjenige, dem du dich unterordnest, die hier beschriebenen wundervollen Eigenschaften besitzt?

Tag 33

LOSLASSEN

»Jesus schaute ihm direkt in die Augen – und gewann ihn lieb. Er sagte: ›Dann fehlt dir nur noch eines: Geh, verkaufe alles, was du besitzt, und gib es den Armen. All dein Reichtum wird dann ein Schatz im Himmel sein. Und dann komm und folge mir.‹ Die ursprüngliche Begeisterung des Mannes wurde von einer tiefen Traurigkeit abgelöst. Langsam wandte er sich von Jesus ab und ging: Sein Vermögen war einfach zu groß.«
Markus 10,21-22

Auch reiche Leute können zu Gott kommen. Es ist für sie vielleicht nicht so einfach, denn es ist schwer, einen sehr wohlhabenden Menschen davon zu überzeugen, all seinen Luxus aufzugeben und gemeinsam mit den Armen durch das enge Tor zu gehen. Warum sollten sie auf ihren Luxus verzichten wollen, wo sie es doch so schön und bequem haben können?

Jetzt mal ehrlich: Unabhängig von unserer Steuerklasse oder unserem Kontostand neigen wir alle von Natur aus dazu, uns an alles zu klammern, das uns vor Verzweiflung, Not und Mangel bewahrt. Geld scheint in dieser Hinsicht das zu sein, woran wir uns als Erstes klammern. Wer ist also bereit dazu, das alles aufzugeben? Wohl kaum einer. Um zu betonen, was er sagen wollte, drückte Jesus es ein wenig übertrieben folgendermaßen aus:

»Darum sage ich euch: Ein Kamel schlüpft leichter durch ein Nadelöhr als ein Reicher durch das enge Tor, das in das Reich Gottes führt« (Markus 10,25). Das ist schade, denn es gibt viele reiche Menschen. Wenn du ein Dach über dem Kopf und fließendes Wasser hast, einen Kühlschrank besitzt und das Geld hattest, dir dieses Buch zu kaufen, dann gehörst du übrigens auch zu diesen reichen Leuten.

Der reiche Mann in Markus 10 weiß, wie traurig das wirklich ist. Er hatte so gute Absichten. Er wollte so dringend mit Jesus reden, dass er ihm regelrecht nachrannte. Er war sehr demütig und respektvoll Jesus gegenüber. Er verneigte sich sogar vor ihm. Eifrig fragte er Jesus, was er tun müsse, um ewiges Leben zu bekommen. Das ist nicht das klassische Verhalten eines reichen pharisäerhaften Typen, der nur versucht, sich selbst zu rechtfertigen. Seine Frage war ernst gemeint und ganz persönlich.

Jesus antwortete ihm, indem er ihm ein paar Gebote nannte: nicht töten, nicht ehebrechen, nicht stehlen, nicht lügen und die Eltern ehren. Der reiche Mann hatte sich seit seiner Kindheit an diese Gebote gehalten, doch Jesus kannte sein Herz und seinen wunden Punkt.

Jesus schaute ihn liebevoll an und sagte ihm, er solle alles verkaufen, was er hat, und das Geld den Armen geben, dann zurückkommen und Jesus nachfolgen. Das ist viel verlangt, aber das tut die Liebe: Sie benennt unsere Sünde und ordnet uns ganz neu, sodass wir uns nach ihm – Jesus – sehnen, weil wir erkannt haben, dass wir ihn brauchen.

Doch der reiche Mann konnte das nicht tun. Er konnte sich nicht von seinem materiellen Besitz losreißen und zulassen, dass Jesus ihn von der Abhängigkeit an seinen weltlichen Reichtum befreite. Er hatte sich zwar all die Jahre an die Gebote gehalten, doch er versagte beim ersten und wichtigsten Gebot: Du sollst keinen anderen Gott haben außer mir.

Diese Offenbarung muss erdrückend für ihn gewesen sein. Er schaute dem Messias in die Augen, spürte seine Liebe, ahnte, dass Geld nicht das Wichtigste ist, und entschied sich dann doch dafür, seinem inneren Götzen zu dienen. Die Aussage, dass dieser Mann »sehr traurig« wurde, dürfte eine kolossale Untertreibung sein – er hatte zwar nach wie vor all seinen Reichtum, aber er war gleichzeitig unglaublich arm geblieben. Ihm fehlte Jesus.

Gebetsfokus

Bitte Gott darum, dass er dein Herz prüft und dir zeigt, was dir wichtiger ist als er. Vertraue ihm mit dem Segen, den er dir zukommen lässt, ebenso wie mit den Dingen, die er dich bittet, loszulassen. Lobe ihn dafür, dass er sich immer um dich kümmert.

Die nächsten Schritte

- Du musst finanziell nicht genauso gut dastehen wie der Mann in dieser Geschichte, um dich mit ihm zu identifizieren: Inwiefern, denkst du, kann Geld dich vor Verzweiflung, Mangel und Not bewahren?
- Jesus kennt dein Herz und deine wunden Punkte, ganz egal, ob es Geld ist oder etwas anderes. Was zeigt er dir? Gibt es etwas, das du loslassen solltest, um dich mehr auf ihn zu konzentrieren?
- Lies Philipper 4,12-13. Inwiefern wäre dein Leben anders, wenn du wie Paulus das Geheimnis echter Zufriedenheit entdecken würdest?

Tag 34

MIT JESUS UNTERWEGS

»Nach diesen Ereignissen reiste Jesus weiterhin von einer Stadt zur anderen, von einem Dorf zum anderen. Überall predigte er und verbreitete so die Botschaft von der nahe gekommenen Herrschaft Gottes. Dabei begleiteten ihn die Zwölf. Es gab auch noch eine Reihe von Frauen in ihrer Gesellschaft, die von den verschiedensten Krankheiten und bösen Leiden geheilt worden waren: Maria, die sie Magdalena nannten, aus ihr waren sieben Dämonen ausgetrieben worden; dann Johanna, die Frau von Chuzas, einem Beamten von Herodes, sowie Susanna und viele andere, die ihre beachtlichen Mittel hergaben, um für die ganze Gruppe zu sorgen.«
Lukas 8,1-3

Frauen wurden zur damaligen Zeit nicht wirklich gut behandelt. Und das ist wahrscheinlich noch untertrieben. Sie hatten nur wenig Entscheidungsspielraum, keine wichtigen Positionen inne und galten als weniger wert als die Männer.

Außer für Jesus: In Johannes 8 wird beschrieben, wie eine Frau beim Fremdgehen erwischt und zu Jesus gebracht wurde, damit er über sie urteile. Doch was tat Jesus? Er entlarvte die Ankläger als Heuchler, und sie gingen wieder nach Hause. Jesus war gnädig mit der Frau.

Die Frau, die schon seit Jahren unter ständigen Blutungen litt, ging Jesus hinterher, berührte sein Gewand und war sofort geheilt. Vor der versammelten Menschenmenge, die diese Frau als »unrein« abgeschrieben hatte, lobte Jesus sie für ihren Glauben (vgl. Lukas 8, 43-48).

Ein weiteres Beispiel ist die Samaritanerin, die zur heißesten Stunde des Tages Wasser aus einem Brunnen schöpfte. Das bedeutete: Sie mied andere Menschen aufgrund ihres schlechten Rufs. Doch bevor er irgendjemand anderem davon erzählte, offenbarte Jesus ausgerechnet dieser Frau, dass er der Retter war, auf den sie alle gewartet hatten. Dadurch war sie diejenige, die anderen davon erzählen konnte – was für eine Ehre (vgl. Johannes 4,1-30)!

Zusammenfassend kann man sagen: Die Welt beschloss, diese Frauen abzulehnen, zu beschimpfen und brutal zu verurteilen. Doch Jesus beschloss, diesen Frauen zu helfen, sie gut zu behandeln, damit sie wieder zu Kräften kommen konnten, und sie zu befreien. Er gab ihnen einen Wert.

Kein Wunder also, dass auch Frauen Jesus begleiteten, als er umherreiste. Sie hatten seine Macht und Gnade erlebt und waren körperlich und seelisch durch ihn gesund geworden. Sie folgten ihm gemeinsam mit den zwölf Jüngern und unterstützten seinen Dienst auch finanziell, während sie ihm selbst zuhörten, zuschauten und von ihm lernten. Das ist irgendwie bemerkenswert, denn Jesus bestätigte den Frauen zwar ihren gottgegebenen Wert, doch er wählte trotzdem zwölf Männer als seine Apostel aus. Nur Männer. Ups.

Das ganze Gender-Thema ist nicht gerade ein Spitzenthema für ein Andachtsbuch – außer unsere Auseinandersetzung damit führt uns alle – Männer und Frauen gleichermaßen – zu Jesus zurück. Das ist gar nicht so einfach, denn oft verunsichert oder provoziert uns dieses Thema. Aber wir können ihm auch nicht immer ausweichen. Bevor wir zulassen, dass es unseren Glauben an Jesus oder unsere zwischenmenschlichen Beziehungen schwächt, sollten wir uns einmal anschauen, wie unser Schöpfer uns sieht, und das anerkennen, was er tut.

Dazu ist Folgendes wichtig:

- Gott schuf sowohl Männer als auch Frauen nach seinem eigenen Bild. Beide Geschlechter sollen ihn in seinen vielen Eigenschaften widerspiegeln. Jeder auf seine Art, ohne dem anderen etwas wegzunehmen (vgl. 1. Mose 1,27).
- Gott schuf jeden einzelnen Menschen mit liebevoller Absicht und Sorgfalt, also auch unser Geschlecht. Das bedeutet zum einen, dass unser eigenes Geschlecht für Gott wich-

tig ist, und zum anderen, dass beide Geschlechter gleichermaßen für Gott wichtig sind (vgl. Psalm 139,13-14).

- Jesus ernannte zwölf Männer zu seinen Jüngern, auf denen er die frühe Kirche gründete (vgl. Lukas 6,12-16). Jesus wählte zwölf Männer als Jünger aus, nicht Frauen, das ist die Wahrheit. Aber er war auch umgeben von engagierten Frauen, deren Leben er durch seine Rettung grundlegend verändert hatte und die ihm halfen, seinen Dienst zu tun. Das ist ebenso wahr.

Wir sind dazu aufgefordert, in die Fußstapfen dieser Männer und Frauen zu treten, weil wir alle gerettet und verändert worden sind. Unabhängig von unserem Geschlecht sind wir ohne Jesus alle verloren, deshalb bleibt nicht viel Raum für Überheblichkeit oder Bitterkeit darüber, wer was zu tun oder zu lassen hat.

Stattdessen sollten wir voller Freude und Begeisterung sein, dass wir mit Jesus unterwegs sein können, so wie seine zwölf Jünger, Maria Magdalena, Johanna und Susanna es waren. Jesus ist derjenige, der uns allen unseren Wert zuspricht. Weil er gut und freundlich ist und unser Vertrauen verdient, müssen wir uns nicht um den höchsten Rang raufen, sondern dürfen in seiner Liebe ruhen, uns auf seine Werke konzentrieren und geduldig den Himmel erwarten. Dann werden wir verstehen, warum Gott bestimmte Aufgaben an bestimmte Leute verteilt hat.

Gebetsfokus

Danke Gott, dass du mit Jesus in diesem Leben unterwegs sein darfst. Danke ihm für alle Christinnen und Christen, mit denen du gemeinsam den Glauben leben darfst. Bitte Gott darum, dass du die Bibel immer besser verstehen kannst, auch wenn es manchmal kompliziert ist. Bitte ihn um seine Hilfe, damit du in seiner Liebe zur Ruhe kommen kannst – als sein einzigartiges und wertvolles Geschöpf.

Die nächsten Schritte

- Erzähle deine Geschichte, wie Jesus dich gerettet und verändert hat.
- Inwiefern hast du schon einmal durch eine Mitchristin oder einen Mitchristen besonderen Segen erfahren?
- Der Satan möchte, dass wir uns auf Dinge konzentrieren, die uns voneinander trennen. Denn eine gespaltene Christenheit zerfleischt sich selbst, anstatt Gottes Pläne voranzu-

bringen. Doch Jesus sagt: *»Viele von den Ersten werden als Letzte enden und von den Letzten werden viele Erste sein« (Matthäus 20,16).* Was bedeutet diese Bibelstelle für dich? Was würde es für die Gender-Thematik bedeuten, wenn wir diese Bibelstelle darauf anwenden würden?

Tag 35

GESANDT

»Jesus rief nun die Zwölf zu sich und verlieh ihnen Autorität und Vollmacht, um mit allen Dämonen fertig zu werden und Krankheiten heilen zu können. Er trug ihnen auf, die Gute Nachricht von der liebevollen Herrschaft Gottes weiterzugeben und die Kranken zu heilen. Dann riet er ihnen noch: ›Belastet euch nicht unnötig mit viel Gepäck. Ihr braucht kein Geld, nicht einmal zwei Hemden. Wenn ihr in einem Haus aufgenommen werdet, dann bleibt dort, bis ihr weiterzieht. Wenn ihr nicht willkommen seid, dann verlasst die Stadt. Sie wird einmal wie eine Stadt von Heiden abgeurteilt werden.‹«
Lukas 9,1-5

Was für konkrete und auch beängstigende Anweisungen, die Jesus seinen Jüngern hier gibt. Er schickt sie hinaus aufs Land, um das zu tun, was er tat, ohne Nahrung, Schutz oder eigene Einflussmöglichkeit. Jesus bat sie, darauf zu vertrauen, dass sie mit allem versorgt werden würden, was sie brauchten.

Damals gab es keine Autobahnen, wo man alle paar Kilometer die Möglichkeit hat, an einer Raststätte anzuhalten und sich frisch zu machen, Snacks zu kaufen oder zu übernachten. Heutzutage haben wir all diesen Luxus und packen uns sicherheitshalber trotzdem noch unsere Snacks von zu Hause ein. Die Jünger dagegen sollten einfach so losziehen, nur mit der Kleidung am Leib und sonst nichts. Sie hatten auch keine weiteren Mitarbeiter als mentale Unterstützung in schwierigen Situationen oder zur Verteidigung gegen wilde Tiere oder zwielichtige Typen.

Nein, der Plan lautete einfach: »Nehmt nichts Unnötiges mit, denn ihr werdet versorgt.« Trotz der Ungewissheit, die auf sie wartete, und der Horrorszenarien, die auf sie lauern könnten, gingen sie los. Stell dir mal vor, wie sich die ersten Tage dieser Reise angefühlt haben müssen … Wie groß muss ihr Vertrauen in Jesus gewesen sein, diese ersten Schritte zu wagen! Keine Sicherheiten und keinen konkreten Plan zu haben, außer unterwegs zu sein, zu predigen und zu heilen – was keiner von ihnen je zuvor getan hatte. Es ist schon erstaunlich, dass sie sich nicht heimlich aus dem Staub machten.

Warum taten sie das nicht? Wir bewundern ihren Glauben und ihr Vertrauen, doch genau wie wir waren diese Typen weder perfekt noch supermutig. Sie hatten Angst vor den Römern, ließen sich von den Pharisäern einschüchtern, waren regelmäßig überfordert, wenn sie sich großen Menschenmengen und deren Bedürfnissen gegenübersahen, und sie bekamen Todesangst, als sie auf dem See in einen starken Sturm gerieten.

»Da weckten sie Jesus: ›Rabbi, Herr, wir gehen unter!‹ Jesus stand auf und gab dem Wind den Befehl: ›Ruhe!‹, und zu den Wellen sagte er: ›Beruhigt euch!‹ Beides geschah. Der See wurde spiegelglatt. Daraufhin wandte er sich an seine Jünger: ›Was ist nur los mit eurem Vertrauen?‹ Sie waren vollkommen erstarrt vor Staunen und Ehrfurcht und stammelten nur noch: ›Wer um alles in der Welt ist dieser Mann? Er herrscht den Wind und den See an, und sie machen tatsächlich das, was er ihnen gesagt hat!‹« (Lukas 8,24-25).

Was befähigte also zwölf ganz gewöhnliche Männer dazu, in solch außergewöhnlichem Vertrauen loszuziehen? Na ja, es ist sicher kein Zufall, dass Jesus diese herausfordernden Anweisungen gab, kurz nachdem er auf dem See seine Autorität unter Beweis gestellt hatte. Die Jünger wussten: Jesus ist absolut vertrauenswürdig und verdient es, dass wir ihm gehorchen. Kurz gesagt hatten diese unvollkommenen Männer so viel von Jesus miterlebt, dass sie ihm auf besondere Weise vertrauten. Sie fühlten sich nicht unbedingt bereit – das tun übrigens die wenigsten von uns. Aber Gott weiß, wann wir genug von seiner Treue, seiner Macht und seiner Gegenwart erlebt haben, um die nächsten Glaubensschritte gehen zu können.

Wie sich herausstellte, war das Konzept von »Nimm nichts mit und empfange alles« richtig gut. Denn wenn wir uns Jesus zur Verfügung stellen und vertrauensvoll glauben, dass er uns treu versorgt, dann kommt er mitten in unseren Mangel hinein und ersetzt ihn mit immer mehr von sich selbst. Für die Jünger bedeutete das die Heilung unzähliger Menschen – körperlich und seelisch.

Aber am Anfang stand, dass sie von Jesus losgeschickt wurden. Sie zogen nicht einfach auf eigene Faust los, sondern in dem Bewusstsein, dass Jesus sie gesandt hatte.

Gebetsfokus

Bitte Gott, dass du seine ständige Gegenwart erkennen und sehen kannst, wo er dich überall schon treu versorgt hat. Bitte ihn um ein wachsendes Vertrauen in seine Treue und um den Mut, dorthin zu gehen, wo er dich hinschickt.

Die nächsten Schritte

- Welche Befürchtungen hast du bezüglich der Themen Nachfolge und Gehorsam Jesus gegenüber?
- Die Jünger hatten viele Ängste, die wir auch kennen. Beruhigt es dich ein bisschen zu sehen, wie Gott sich um ihre Bedürfnisse gekümmert hat? Wie könntest du ihre Erlebnisse auf deine Situation übertragen?
- Lies 2. Korinther 4,7 und 2. Korinther 12,9-10. Genau wie die Jünger sind auch wir schwache, unvollkommene und gewöhnliche Menschen. Doch inwiefern hat das laut dieser Bibelstellen keine Auswirkung darauf, wie Gott uns gebraucht?

Tag 36

VORSICHT

»Immerhin ist es ja auch der Schlange im Paradies gelungen, Eva geschickt zu betrügen. Wie aber werdet ihr euch verhalten, wenn jemand zu euch kommt und euch einen anderen Jesus verkündet als den, den wir euch vor Augen ge¬stellt haben? Oder wenn ihr einen ganz anderen Geist empfangt als den, den ihr empfangen habt, oder eine Frohe Botschaft, die sich von der unterscheidet, die wir euch gepredigt haben – werdet ihr das alles ohne Bedenken hinnehmen?«

2. Korinther 11,3-4

Der große Betrüger ist einer der passendsten Namen für den Satan. Er ist der größte Lügner aller Lügner. Er versucht mit allen Mitteln, uns von Gott zu trennen. Dabei hat sich seine Taktik seit dem Vorfall mit Adam und Eva im Garten Eden im Wesentlichen nicht verändert. Und er ist äußerst geschickt darin, uns immer einen Schritt voraus zu sein – leider auch innerhalb der Kirche und Gemeinden.

Er liebt es, alles nach seinem Plan zu arrangieren und uns entsprechend anzutreiben. Sein Spezialgebiet ist es, Lügen zu verbreiten, die besonders schön glänzen und aussehen, als wären sie wahr. Wenn wir seine Botschaft erstmal geschluckt haben, dann tut er alles, um uns schön bei der Stange zu halten.

Er interessiert sich außerdem brennend für unsere Gefühle, unsere Meinung und unsere persönlichen Vorlieben. Auf diesem Gebiet ist er sehr up to date und möchte alles darüber wissen. Unsere Anliegen sind seine Anliegen. Er weiß genau, welches Bild von Jesus für uns genau das richtige ist. So führt der große Betrüger die weltweite Kirche heimlich und hinterlistig in die Irre. Eva steht seit jeher in der Kritik, aber wir sind genauso anfällig für Versuchungen, wie sie es war. Der Betrüger kann einen Apfel nutzen oder eine Seifenoper, was auch immer. Er weiß, wie schwach unser menschliches Herz ist und ist wohlvertraut mit unserem Bestreben, selbstbestimmt zu leben und uns selbst an erste Stelle zu setzen. Und er freut sich diebisch, wenn er uns dabei helfen kann.

Doch wir müssen uns nicht täuschen lassen. Es gibt nur einen Weg, wie wir verhindern können, dass der große Betrüger sich in unserem Leben breitmacht: Wir müssen unseren Fokus auf Jesus legen – auf seine Wahrheit, auf sein Wort und auf das Evangelium, das er selbst verkörpert hat, das er in dieser Welt verkündet hat und für das er gestorben ist, damit wir nie von Gott getrennt werden.

Gebetsfokus

Nimm dir Zeit, um Gott dafür zu loben, dass er die Wahrheit ist. Danke ihm dafür, dass du dich nicht täuschen lassen musst, sondern Zugang zum echten Evangelium hast. Bitte Gott, dir die Bereiche in deinem Leben zu zeigen, wo du deine eigenen Wahrheiten und Vorlieben über Gottes Wahrheit und seine Versprechen stellst.

Die nächsten Schritte

- Überlege, wie der große Betrüger deine Gefühle, deine Meinungen und deine persönlichen Vorlieben schon einmal ausgenutzt hat.
- Was sind deine Erfahrungen: Welche Methoden nutzt der große Betrüger heutzutage am häufigsten, um Gottes Wort zu verfälschen und ein neues Evangelium anzubieten? Wie hat sich das vielleicht auch auf deinen Glauben ausgewirkt?
- Lies Johannes 10,7-10. Jesus ist der gute Hirte und wir sind seine Schafe. Wie kannst du sicherstellen, dass du seine Stimme erkennst und nur auf ihn hörst?

Tag 37

VON GANZEM HERZEN

»Das bedeutendste Gebot ist: ›Liebe den Herrn, deinen Gott, von ganzem Herzen, mit deiner ganzen Seele und mit deinem ganzen Denken!‹«
Matthäus 22,37

Statistisch gesehen waren es gar nicht so viele Menschen, die Jesu hassten, zumindest nicht so sehr, dass sie ihn töten wollten. Aber es gab ein paar, bei denen das der Fall war. Eine Gruppe von Menschen aus seiner Heimatstadt Nazareth wollte Jesus von einer Klippe stürzen, weil er sie mit den Gottlosen zur Zeit Elijas verglichen hatte. Es gelang ihnen aber nicht, ihn umzubringen. Und sie schafften es mit ihrem Verhalten erst recht nicht, seine Aussage zu widerlegen. Dann waren da die Pharisäer und Schriftgelehrten, die Jesus unerbittlich verfolgten und wie besessen versuchten, ihn schlechtzumachen. Manche von ihnen waren so voller Hass, dass sie nur noch daran denken konnten, wie sie Jesus aus dem Weg räumen könnten. Jeder ihrer Schritte wurde davon bestimmt. Und zuletzt wären da noch jene die mit ihrem »Kreuzige ihn! Kreuzige ihn!« Pilatus bedrängten, Jesus zu töten. Sie wollten, dass er stirbt. Dabei hatte ihr Hass wahrscheinlich nicht einmal etwas mit Jesus persönlich zu tun – sie ließen einfach ungebremst ihren Emotionen und Trieben freien Lauf. Pilatus' Frage, was er mit Jesus tun solle, war geradewegs so, als würde man einen blutigen Brocken Fleisch in eine Horde lauernder Haie werfen.

Das waren aber nur die extremen Reaktionen. Die meisten Menschen reagierten nicht so. Die durchschnittlichen Bewohner der Orte, an denen sich Jesus aufhielt, waren sicherlich anders. Die wenigsten von ihnen waren voll blinder Wut oder schmiedeten Mordpläne gegen Jesus. Sie waren Normalos, die sich vermutlich eher mit ihren eigenen Alltagsproblemen befassten, als über den Tod eines anderen nachzusinnen. Man sollte also meinen, sie seien besser als die gemeingefährlichen Psychos.

Doch dann begann Jesus, über Liebe zu sprechen. Als die Pharisäer Jesus fragten, welches Gebot das höchste im Gesetz des Mose sei, antwortete er: *»Das bedeutendste Gebot ist: ›Liebe den Herrn, deinen Gott, von ganzem Herzen, mit deiner ganzen Seele und mit deinem ganzen Denken!‹ Das ist das wichtigste, doch ein zweites hat nicht weniger Bedeutung: ›Liebe andere genauso, wie du dich liebst‹« (Matthäus 22,37-39).*

Diese Antwort von Jesus fasst alle Gebote zusammen. Mit anderen Worten sagen sie so etwas wie: »Wenn du dich an diese zwei Gebote hältst, dann passiert der Rest von allein.« Das brachte die Pharisäer zum Schweigen, denn darüber konnten sie nicht mehr diskutieren. Es hob allerdings auch das Niveau an, auf dem sich das Ganze jetzt abspielte: Plötzlich verlor nämlich der durchschnittliche Dorfbewohner seinen Vorteil gegenüber den Psychos – denn das Gegenteil davon, Jesus zu lieben, ist nicht, Jesus zu hassen, wie die Psychos es offenbar taten. Das Gegenteil ist, ihn nicht zu lieben. Ups!

Hier brauchen wir einen Herzens-Check. Natürlich gibt es Menschen, die glühende Gegner von Jesus sind. Aber es gibt so viel mehr Menschen auf der Welt, denen es schlichtweg egal ist, was Gott ihnen zu sagen hat. Beides ist nicht gut.

Den Herrn, unseren Gott, von ganzem Herzen zu lieben, bedeutet, in Bezug auf ihn extrem zu sein. Es bedeutet, ihm wie besessen nachzulaufen und nichts lieber zu wollen, als ihn anzubeten. Wenn wir nicht völlig fasziniert davon sind, wie unendlich viel er uns durch seinen Tod ermöglicht hat, dann werden wir ihm nicht erlauben, jeden unserer Schritte zu lenken. Dann werden wir weiterhin unseren Trieben und Emotionen folgen und versuchen, unseren Seelenhunger durch die Befriedigung unserer eigenen Wünsche zu stillen. Gott wirklich zu lieben, heißt, dass es keine Option mehr ist, einfach nur ein durchschnittlicher Dorfbewohner zu sein. Stattdessen bedeutet es, alles dafür zu tun dass wir Gott mehr lieben können – von ganzem Herzen!

Gebetsfokus

Danke Gott für das Privileg, ihn von ganzem Herzen, mit deiner ganzen Seele und mit deinem ganzen Denken lieben zu können. Bitte ihn darum, dass du angemessen auf seine Liebe reagierst, nämlich extrem. Danke ihm, dass er vertrauenswürdig ist und jeden deiner Schritte lenken will.

Die nächsten Schritte

- Bist du einer der »durchschnittlichen Dorfbewohner«? Wodurch kannst du diese Woche deinen Fokus weg von deinen Alltagsthemen und hin zu Jesus lenken?
- In welchen Bereichen deines Lebens neigst du dazu, deinen Seelenhunger mit weltlichen Dingen zu stillen (Geld, Essen, Unterhaltung, Social-Media-Konsum, …)? Inwiefern hindert dich das daran, Gott von ganzem Herzen zu lieben?

- Gibt es Sünden in deinem Leben, die du noch mehr ablehnen solltest? Bitte Gott, dir zu zeigen, was sich in deinem Herzen, in deiner Seele und in deinem Denken ändern muss, damit du ihn uneingeschränkt lieben kannst.

Tag 38

GERECHTIGKEIT

»Schließlich kamen sie in Jerusalem an. Kaum hatte Jesus das Tempelgelände betreten, begann er, jeden hinauszuwerfen, der dort einen Verkaufsstand aufgestellt hatte. Er kippte die Tische der Geldwechsler um und ebenso die Käfige der Taubenverkäufer. Er ließ niemanden auch nur einen Korb durch den Tempel tragen. Und dann begründete er ihnen, warum er das alles tat: ›Steht nicht geschrieben: ‚Mein Haus wurde dafür bestimmt, ein Haus des Gebetes für die Völker zu sein'? Ihr habt aus ihm eine Räuberhöhle gemacht.‹«
Markus 11,15-17

Dass Jesus einfach nur ein guter Lehrer gewesen sein soll, der schöne und schlaue Sachen gesagt hat – was ja viele Menschen in unserer Gesellschaft so sehen –, ist schlicht und einfach lächerlich. Er behauptete nicht nur unzählige Male selbst, Gott zu sein, sondern auch seine Jünger behaupteten das noch lange, nachdem er fort war. Die meisten von ihnen wurden dafür sogar umgebracht. Jesus nannte die Religionsführer Schlangen (vgl. Matthäus 12,34), verfluchte einen Feigenbaum, weil dieser keine Früchte trug, obwohl es gar nicht die Zeit der Ernte war (vgl. Markus 11,12-14), und er predigte, dass jeder, der nicht von seinem Leib isst und der nicht sein Blut trinkt, kein Leben hat (vgl. Johannes 6,53). All das ergibt Sinn, wenn man es im Kontext liest, aber nichts davon klingt besonders schön oder schlau.

Es ist auch nicht besonders nett, Menschen aggressiv und wütend aus dem Tempel zu jagen. Doch genau das tat Jesus, als er sah, wie manche den Tempel dafür missbrauchten, den Leuten das Geld aus der Tasche zu ziehen, während andere beten und Gott loben wollten. Ab da wusste jeder: Mit Jesus ist nicht zu spaßen. Bis dahin hatten die Jünger ihn Dinge sagen hören, die wie aus einer anderen Welt schienen. Und sie hatten gesehen, wie er unglaubliche Wunder vollbrachte. Sie wurden, wie viele andere Menschen auch, von seiner unbeschreiblichen Liebe angezogen. In dieser Situation zeigte Jesus aber plötzlich eine ganz andere Seite, und seine Anhänger waren bestimmt ziemlich überrascht davon.

Zugegebenermaßen macht es sich besser, über die Liebe von Jesus zu predigen, als über irgendetwas anderes, denn Menschen fühlen sich zu Dingen hingezogen, die sich gut anfühlen. Doch es ist auch wahr, dass die Liebe ihre Bedeutung verliert ohne die Gerechtigkeit als Gegenpol. Liebe sieht zum Beispiel nicht einfach über ein Verbrechen hinweg. Keiner würde sich für ein System einsetzen, das keine Gerechtigkeit garantiert, denn durch Gerechtigkeit wird nicht nur schlimmes Verhalten bestraft, sie dient auch als Abschreckung vor zukünftigem Fehlverhalten. Somit ist Gerechtigkeit nicht nur richtig, sondern auch notwendig und gut – und hat unterm Strich sehr viel mit Liebe zu tun.

Jesus kam zwar, um uns vor den Folgen unserer Sünde zu bewahren – vor der Strafe, die wir verdient haben –, aber er hob das Urteil gegen uns nicht auf. Stattdessen nahm er es selbst auf sich, um damit unsere Beziehung zu einem gerechten und liebenden Gott wiederherzustellen. Diese Liebe ist wunderschön und vollkommen und sie ist es wert, bis zu unserem letzten Atemzug weitergesagt zu werden.

Aber wenn wir diese Liebe ablehnen, wird Gott selbst die Gerechtigkeit vollstrecken.

»Denn einmal werden wir alle vor dem Richterstuhl Christi stehen. Dann empfängt jeder den Lohn für sein Leben hier auf der Erde: Gutes, wer Gutes tat; Böses, wer Böses tat« (2. Korinther 5,10).

Jesus ist die Liebe und Jesus ist gerecht. Er ist der Schöpfer dieser Welt und regiert über sie. Wir werden ihm Rechenschaft ablegen müssen für unsere Entscheidungen. Wir werden ihm Rechenschaft ablegen müssen für unsere Antwort auf seine Liebe.

Gebetsfokus

In Hebräer 4,16 steht, dass wir voller Vertrauen zu Gottes Thron kommen sollen, damit er uns seine Gnade und sein Mitgefühl schenken kann. Doch wir dürfen dabei nicht vergessen, dass er der König des Universums ist. Er ist heilig und gerecht, und er kann die Sünde nicht einfach so stehen lassen. Deshalb unser Vorschlag: Knie heute im Gebet vor Gott – als Zeichen deiner Ehrfurcht vor ihm.

Die nächsten Schritte

- Lies Johannes 1,1-5, Römer 3,23-26, Römer 5,8 und Offenbarung 22,12-13. Schreib dir alle Eigenschaften von Jesus auf, die in diesen Versen genannt werden.
- Erkläre, inwiefern diese Charaktereigenschaften zum Verhalten von Jesus im Tempel passen.
- Wie verändert das Wissen darüber, dass Gott sowohl liebevoll als auch gerecht ist, dein Denken, dein Verhalten und deine weiteren Glaubensschritte auf deinem Weg mit Gott?

Tag 39

MITGEFÜHL

»Jesus ließ sie stehen und begann eine Wanderung durch eine Reihe von Städten und Dörfern. Er sprach in den Synagogen, berichtete den Menschen von der liebevollen Herrschaft Gottes, heilte ihre kranken Körper und ihr verletztes Leben. Jedes Mal, wenn er die vielen Menschen sah, hatte er großes Erbarmen mit ihnen. Sie waren so erschöpft und ruhelos wie Schafe, die keinen Hirten haben.«
Matthäus 9,35-36

Dafür ist Jesus gekommen: Er lehrt die Leidenden.

»Ihr seid gesegnet, wenn ihr wisst, dass ihr wie Bettler vor Gott steht. Es ist das sicherste Zeichen, dass ihr unter seiner Herrschaft lebt. Ihr seid gesegnet, wenn ihr in Leid und Traurigkeit daran festhaltet, dass Gott selbst einmal alle eure Tränen trocknen wird. (…) Ihr seid gesegnet, wenn

eure Hingabe an Gott euch Nachteile und sogar Verfolgung einbringt. Näher könnt ihr Gott nicht kommen.«
Matthäus 5,3-4.10

Dafür ist Jesus gekommen: Er berührt die Leidenden.

»Da tauchte zu ihrem Entsetzen ein Leprakranker vor ihnen auf, warf sich vor Jesus auf die Knie und flehte: ›Herr, wenn du willst, kannst du meinen Körper *heilen.‹ Jesus beugte sich nieder und berührte vor aller Augen den Aussätzigen, wobei er sagte: ›Ich will es, sei rein!‹«*
Matthäus 8,2-3

Dafür ist Jesus gekommen: Er leidet für die Leidenden.

»Er wurde verachtet, von allen gemieden. Von Krankheit und Schmerzen war er gezeichnet. Man konnte seinen Anblick kaum ertragen. Wir wollten nichts von ihm wissen, ja, wir haben ihn sogar verachtet. Dabei war es unsere Krankheit, die er auf sich nahm; er erlitt die Schmerzen, die wir hätten ertragen müssen. Wir aber dachten, diese Leiden seien Gottes gerechte Strafe für ihn. Wir glaubten, dass Gott ihn schlug und leiden ließ, weil er es verdient hatte.«
Jesaja 53,3-4

Dafür ist Jesus gekommen: Er lädt die Leidenden ein.

»Kommt her zu mir, die ihr euch mit so vielem abmüht und oft bedrückt seid. Bei mir werdet ihr Ruhe finden. Sucht die Gemeinschaft mit mir und arbeitet mit mir zusammen. Dann werdet ihr von mir lernen können, denn ich bin ruhig und alles andere als herrisch.«
Matthäus 11,28-29

Dafür ist Jesus gekommen: Er führt die Leidenden.

»Der Herr ist mein Hirte, nichts wird mir fehlen. Er weidet mich auf saftigen Wiesen und führt mich zu frischen Quellen. Er gibt mir neue Kraft. Er leitet mich auf sicheren Wegen und macht seinem Namen damit alle Ehre.«
Psalm 23,1-3

Jesus hat Mitgefühl mit allen Menschen, die leiden – und daran wird sich nie etwas ändern. Noch bevor Jesus die Kranken berührte, in der Synagoge lehrte oder seine erste Predigt hielt und lang bevor er am Kreuz hing, brachte Jesus schon sein tiefes Mitgefühl mit uns Menschen zum Ausdruck, indem er einer von uns wurde. Er war der menschgewordene Ausdruck der Liebe des Vaters zu seinen Kindern.

Ohne Gott sind wir so verloren und ruhelos wie viele der Menschen, denen Jesus damals begegnete. Er weiß, was wir brauchen. Er sieht unseren Schmerz, und er versteht uns. Durch seine Wunden werden wir geheilt und durch seinen Geist will er uns berühren, einladen und leiten – aus Mitgefühl und vollkommener Liebe.

Gebetsfokus

Danke Gott für sein grenzenloses Mitgefühl und seine unendliche Liebe. Bitte ihn, dir in schweren Zeiten noch mehr von seiner Wahrheit und seinem Wesen zu zeigen. Lob ihn dafür, dass er dich sicher führt.

Die nächsten Schritte

- Wie hat Jesus dich in schwierigen Zeiten berührt, eingeladen und geleitet? Und was konntest du in dieser Phase durch ihn lernen?
- Welcher der Bibelverse in diesem Kapitel spricht dich am meisten an und warum? Schreib ihn dir auf einen Zettel und hänge ihn irgendwo auf, wo du ihn jeden Tag sehen kannst.

- Wo in deinem Leben – oder auch im Leben der Menschen in deinem Umfeld – war Jesu Mitgefühl für dich schon mal ganz deutlich erkennbar?

Tag 40

WER IST JESUS FÜR DICH?

»Einmal war Jesus im Gebet zusammen mit seinen Jüngern. Da fragte er sie: ›Was sagen die Leute über mich? Wer bin ich ihrer Meinung nach?‹ Sie antworteten: ›Johannes der Täufer. Andere sagen, du seist Elija. Wieder andere behaupten, du seist einer der Propheten aus alten Zeiten.‹ Daraufhin fragte er sie direkt: ›Und ihr, was sagt denn ihr über mich? Wer bin ich?‹«
Lukas 9,18-20

Es ist doch passend, wenn wir dieses Buch so beenden, wie wir es begonnen haben: mit Jesus, seinen Jüngern und der wichtigsten Frage in der Geschichte der Menschheit.

»Was sagt ihr über mich? Wer bin ich?«

Simon Petrus war überzeugt von Jesus, und das zu Recht. Er hatte seine Wunder gesehen und ihn sprechen gehört – mit einer Vollmacht und Weisheit, die nicht von dieser Welt sind. Er hatte Jesus auch abseits der großen Menschenmenge ganz persönlich erlebt, und zwar täglich. Er konnte bezeugen, dass

Jesus die Menschen aufrichtig liebt. Er hatte ihn beten gesehen. Er hatte erlebt, wie Jesus »die andere Wange hinhielt« (vgl. Matthäus 5,39) und sich voll und ganz auf Gott, den Vater, verließ, um von ihm Wegweisung und Versorgung zu empfangen. Simon hatte Jesus in die Augen geschaut und erlebt, dass der Schöpfer des Universums und Hüter unserer Seelen ihn sieht. Im Gegensatz zu den meisten Menschen seiner Zeit wusste Simon Petrus, dass Jesus nicht wie die anderen großen Glaubensmänner war, die vor ihm aufgetreten waren, sondern dass Jesus sie alle bei Weitem übertraf.

»Was sagt ihr über mich? Wer bin ich?«

Es ist leicht, diese Frage richtig zu beantworten, wenn das Leben Sinn ergibt – wenn alles gut klappt und der Weg schnurgerade und eben verläuft.

Aber es ist etwas ganz anderes, wenn das Leben plötzlich holprig wird. Schnell fühlen wir uns dann verloren und wollen aufgeben. Wir stellen uns Fragen wie: »Gott, wo bist du? Warum passiert mir das? Wie konntest du das zulassen?«

In solchen Situationen bahnen sich oft heftige Glaubenskrisen an, weil unsere Erlebnisse nicht mehr zu unserer Vorstellung von Jesus passen. Mit anderen Worten: Wenn wir von Gott enttäuscht sind, machen sich Angst, Zweifel und eine Menge anderer Gefühle in uns breit. Wir beginnen, Gottes Wesen zu hinterfragen, und zweifeln manchmal sogar daran, dass es ihn gibt.

Als Simon mit Jesus zusammen durch die Gegend zog, war für ihn alles ganz klar. Er war aufrichtig bei der Sache und folgte Jesus voller Eifer. Doch spulen wir mal weiter vor zu einem der letzten Momente, die Simon Petrus mit Jesus auf dieser Erde verbrachte:

»Da entgegnete Jesus: ›Weide meine Schafe. Ich werde dir jetzt die Wahrheit sagen: Als du jung warst, hast du dich selbst angezogen und bist hingegangen, wohin du wolltest. Doch wenn du alt geworden bist, wirst du deine Hände ausstrecken, während ein anderer dich anzieht und dich dorthin bringt, wohin du nicht willst.‹ Er sagte dies, um anzudeuten, welchen Tod Petrus zu Gottes Ehre erleiden würde. Dann fasste Jesus zusammen, was er ihm sagen wollte: ›Folge mir nach!‹« (Johannes 21,17-19).

Es würde die Zeit kommen, wenn Simon Petrus als Märtyrer für seinen Glauben sterben und wie Jesus gekreuzigt werden würde. Die wenigsten von uns werden auf so eine brutale Glaubensprobe gestellt, doch die wesentliche Frage bleibt dieselbe:

»Was sagt ihr über mich? Wer bin ich?«

Wer ist Jesus für uns, wenn wir mit Krankheit, Verfolgung, Missbrauch, Einsamkeit, Arbeitslosigkeit, Angst, Hilflosigkeit oder dem Verlust eines geliebten Menschen kämpfen?

Wir haben erkannt: Wenn das Leben uns in aller Härte trifft, wir schwach werden und unser Glaube schwindet, dann sind die Zusagen aus der Bibel immer noch beständig.

Jesus betet für uns.

»Wer will denn noch die anklagen, die Gott liebt und die er selbst freigesprochen hat?! Wer wird sie verurteilen? Etwa Jesus, der für sie gestorben ist; mehr noch, der auferstand und nun zur Rechten des Vaters sitzt und für uns eintritt?«
Römer 8,33-34

Jesus vergibt uns und erneuert uns.

»Nun ist es an der Zeit, dass ihr einen neuen Weg einschlagt. Wendet euch Gott zu, damit er euch eure Schuld vergeben und euch mit seiner Liebe und Gegenwart neuen Mut schenken kann.«
Apostelgeschichte 3,19

Jesus leitet, versorgt und schützt uns.

»Meine Schafe kennen meine Stimme. Ich kenne sie und sie folgen mir. Ich gebe ihnen ein Leben, das bis in die Ewigkeit reicht. Man kann sie weder umbringen noch meiner Hand entreißen.«
Johannes 10,27-28

Jesus liebt unsere Seele.

»Und genau hier hat Gott eingegriffen. Weil die Liebe, mit der er uns Menschen liebt, so unvorstellbar groß ist, umgibt er uns mit einem unbegreiflichen Erbarmen. Wir alle waren durch eigene Schuld bereits seelisch tot. Gott hat uns mit Christus aus diesem Tod auferstehen lassen. Allein seine unverdiente Gnade hat uns gerettet!«
Epheser 2,4-5

Jesus Christus ist der menschgewordene Sohn Gottes.

»Denn Gott hat die Welt so sehr geliebt, dass er seinen einzigen Sohn opferte, damit jeder, der sein Vertrauen auf ihn setzt, nicht verloren geht, sondern das ewige Leben hat.«
Johannes 3,16

Gebetsfokus

Was glaubst du wirklich, wer Jesus ist? Sag es ihm. Und denk dran: Gebete müssen nicht fromm und brav sein. Ehrlichkeit ist Gott viel wichtiger. Er möchte, dass wir alles auf den Tisch legen. Dann wird er uns begegnen.

Die nächsten Schritte

- Simon Petrus war ein sehr authentischer Typ. (Will heißen: Er trug sein aufgewühltes Herz auf der Zunge.) Welches Chaos in deinem Leben bringt dich manchmal dazu, Jesus zu hinterfragen oder an ihm zu zweifeln? (Nimm dir ein Beispiel an Simon und trag dein Herz auf der Zunge, wenn du mit Gott sprichst.)
- Lies Offenbarung 22,1-5. Jesus kam, um uns von unserer Sünde zu befreien, damit wir die Ewigkeit mit ihm im Himmel verbringen können. Inwiefern verändert es deinen Blick auf deine Lebensumstände, wenn du diese Verse über den Himmel liest?
- Mach eine Liste mit all den wunderbaren Eigenschaften, die dir zu Jesus einfallen. Und dann sprich sie Jesus im Gebet zu: »Jesus, du bist …, du bist …, du bist …«

ÜBER DIE AUTOREN

Amanda Jenkins ist Rednerin und Autorin mehrerer Bücher. Ihr autobiografisches Buch *Confessions of a Raging Perfectionist* hat insbesondere im Bereich der Frauen-Bibelarbeit und bei Fachtagungen in den USA große Beachtung gefunden. Es ist ihr ein Herzensanliegen, über Authentizität im Glauben zu schreiben und zu lehren, so auch hier in diesem Andachtsbuch. Gemeinsam mit ihrem Mann Dallas und ihren vier Kindern lebt sie in Texas.

Kristen Hendricks ist Autorin, Künstlerin und Gründerin von *Small Girl Design*. Sie war als Geschäftsführerin einer Organisation gegen Menschenhandel in Ostafrika tätig, bevor sie anfing zu illustrieren (im wörtlichen Sinn), wie ein großer Gott durch ein kleines Mädchen (engl.: small girl) wirken kann – eine Erfahrung, die sie bereits während ihrer Arbeit in Afrika immer wieder machen durfte. Ihr besonderes Herzensanliegen ist es, Frauen zum Glauben an Jesus zu führen. Gemeinsam mit ihrem Mann Joe und ihren beiden Töchtern lebt sie in der Nähe von Chicago.

Dallas Jenkins ist der Produzent von *The Chosen*. Er ist seit über zwanzig Jahren als Regisseur tätig, ebenso als gefragter Redner, Blogger und Talk-Gast zu den Themen Popkultur und

Glauben. Er hat bereits mehr als ein Dutzend Filme produziert bzw. dabei Regie geführt, darunter *What if… Ein Himmlischer Plan* und *Die Auferstehung des Gavin Stone.* Der sensationelle Erfolg seiner Kurzfilme über die Evangelien aus einer neuen Perspektive gab den Anstoß zu seiner aktuellen Serie *The Chosen* und damit auch zu diesem Andachtsbuch, das er unter anderen gemeinsam mit seiner Frau Amanda schrieb.

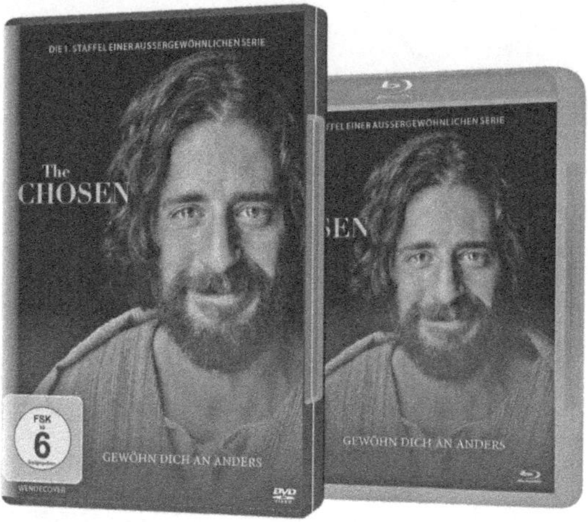

Dallas Jenkins (Regie)

The Chosen – Staffel 1
Gewöhn dich an Anders

Jesus – niemand hat die Welt bewegt wie er. In dieser außergewöhnlichen Serie wird klar sichtbar, warum.
Wo er auftaucht, wird alles anders: Für Maria Magdalena, die von ihren inneren Dämonen fast zum Selbstmord getrieben wird. Für den Fischer Simon, der sich in große finanzielle Schwierigkeiten gebracht hat. Für den großen Gelehrten Nikodemus, der sein gesamtes theologisches Wissen plötzlich auf den Kopf gestellt sieht.
»Gewöhn dich an Anders!« sagt Jesus zu Simon (dem späteren Petrus), und damit beginnt das größte Abenteuer aller Zeiten für die Menschen, die sich ihm anschließen und langsam begreifen: Dieser Mann ist der Sohn Gottes. Der Messias, auf den das jüdische Volk seit Jahrhunderten wartet!
Ein Jesus, der so menschlich ist, wie man ihn noch nie gesehen hat. Warmherzig, humorvoll, einladend, echt – und so unwiderstehlich, dass man begreift, warum die Menschen alles stehen und liegen lassen, wenn er sagt: »Komm mit mir!«

Als DVD und Bluray erhältlich.
Nr. 045.127

GerthMedien